गणित के प्रोजेक्ट्स

गणित के प्रोजेक्ट्स

प्रवीण कुमार बन्द्रवाल

नीलकंठ प्रकाशन
नई दिल्ली-110002

ISBN : 978-93-95145-39-8

मूल्य : 460.00

प्रथम संस्करण : 2022

द्वितीय संस्करण : 2025

प्रकाशक : **नीलकंठ प्रकाशन**
4760-61, 23, अंसारी रोड़
दरियागंज, नई दिल्ली-110002

शब्द-संयोजक : गुप्ता कम्युनिकेशन, शाहदरा, दिल्ली-110032

मुद्रक : मणिपाल टेक्नॉलजीस् लिमिटेड, भारत

GADIT KE PROJECTS *by* Praveen Kumar Bandarwal

दो शब्द

ब्रह्मांड के सभी पिण्ड, तारे, ग्रह और चन्द्रमा एक निश्चित गणितीय समय सीमा पर परिक्रमा करते हैं, जिनमें एक पल का भी हेर-फेर नहीं होता है। गणित की कैलकुलेशन या तो शत-प्रतिशत सही होती है या फिर शत-प्रतिशत गलत। इसमें अनुमान की गुंजाइश नहीं होती है। उदाहरण के लिए 100 का पचास प्रतिशत 50 होता है, किसी भी स्थिति में इसका हल कम या अधिक नहीं हो सकता। गणित की इसी तटस्थ प्रकृति के आधार पर पुस्तक 'गणित के प्रोजेक्ट्स' की रचना की गई है। इसमें निहित प्रोजेक्ट्स न केवल रोचकता से भरपूर हैं बल्कि गणितीय ज्ञान का भी समावेश है। पाठकों से अनुरोध है कि वे प्राप्त त्रुटियों से हमें अवगत कराएँ ताकि अगले संस्करण में इनका निवारण किया जा सके।

—प्रवीण कुमार बन्द्रवाल

विषय सूची

1

जिपर बैग के साथ सकारात्मक और नकारात्मक संख्याओं को जोड़ना और घटाना

एक गैलन-आकार जिप प्लास्टिक खाद्य भंडारण बैग के साथ आप क्या कर सकते हैं?

मानो या न मानो, आप सकारात्मक और ऋणात्मक संख्याओं को जोड़ने और घटाने का अभ्यास कर सकते हैं।

यह बच्चों के लिए भ्रामक हो सकता है और उन्हें कार्यपत्रक के बजाय मौत के कारण हो सकता है, क्यों नहीं एक बैग ले लो, और एक

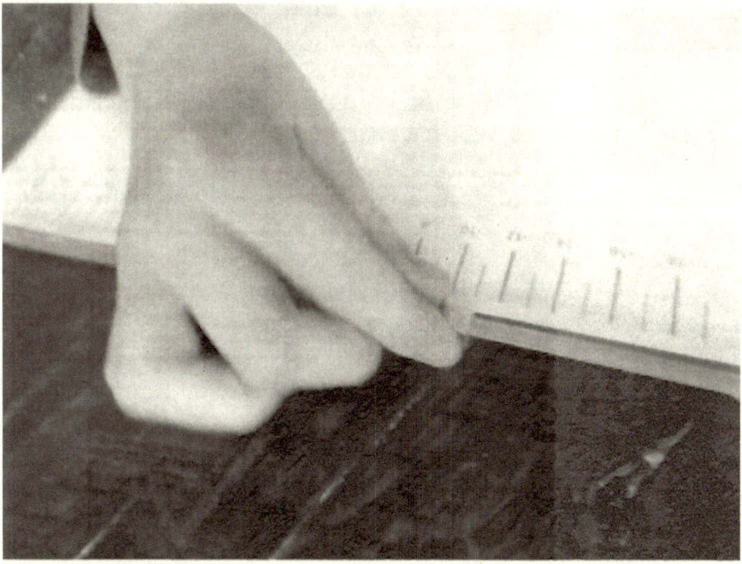

छोटे से खेल खेलते हैं?

मेरे बेटे और मुझे इसके साथ बहुत मजा आया और कुछ समय के लिए खेले।

जिसकी आपको जरूरत है

1. प्रत्येक खिलाड़ी के लिए एक प्लास्टिक गैलन आकार का जिप भंडारण बैग
2. संख्या रेखा और पी.डी.एफ.
3. पी.डी.एफ. प्रिंट करने के लिए हेवीवेट कार्ड स्टॉक
4. कैंची
5. गोंद
6. ठीक-टिप स्थायी काला मार्कर

तैयारी

पी.डी.एफ. के पहले पेज की कई प्रतियाँ प्रिट करें जैसा आपके खिलाड़ी हैं, प्रत्येक छोर को ट्रिम करें ताकि यह सिर्फ हमारे जिप बैग में फिट हो।

मार्कर के साथ बैग के जिपर पुल के केन्द्र में एक छोटी-सी रेखा बनाएँ।

हेवीवेट कार्ड स्टॉक के दूसरे शीट पर डाई के साथ पेज प्रिंट करें।

दो पासा टेम्फलेट, गुना और गोंद ट्रिम
(एक गर्म गोंद बन्दूक का उपयोग करें)

कैसे खेलें

खिलाड़ियों को जिपर खींचने के लिए शून्य के साथ लाइन के निशान के साथ रखा जाना चाहिए। यह वह जगह है जहाँ हर कोई

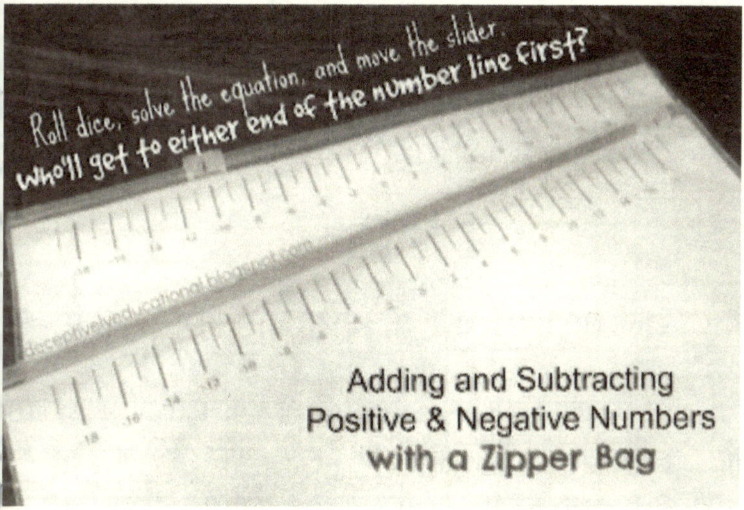

शुरू होता है।

प्लेयर 1 सभी तीन पासा (जोड़/घटनाएँ,–/+) रोल करता है। यह खिलाड़ी को बताएगा कि उनका समीकरण क्या है।

उदाहरण के लिए

यदि वे जमा, नकारात्मक (–), और चार रोल करते हैं तो उन्हें समस्या हल करने की आवश्यकता होगी

$$0 + -4 =$$

फिर वे अपने जिपर स्लाइडर को –4 में ले जाएँगे।

अब यह पासा को रोल करने के लिए अगले खिलाड़ी की बारी है, समीकरण हल करें, और स्लाइडर को अपने बैग पर ले जाएँ।

समयरेखा (यानी 19 या –19) के पहले तक पहुँचने वाला खिलाड़ी विजेता है।

2

रोल और पूरे करें फैक्शंस बोर्ड गेम जोड़ना

मेरे बेटे का चौथा वर्ग हाल ही में अजीब घटनाओं पर दोबारा गौर किया गया है। मैंने सोचा था कि मैं अपने बेटे के ज्ञान का थोड़ा-सा परीक्षण करूँगा और एक मजेदार बोर्ड गेम बनाऊँगा।

कैसे खेलें

सभी खिलाड़ियों ने शुरुआती चौक पर अपने खेल के टुकड़े डाल दिए। सबसे कम उम्र के खिलाड़ी पहले रोल करता है मरने के शीर्ष पर जिस अंश को पता चलता है, जब वह चलती रहती है, तो अंश के अतिरिक्त समस्या का एक हिस्सा होता है। उदाहरण के लिए, यदि खिलाड़ी 2/5 को रोल करता है, तो उन्हें खुद से पूछना चाहिए, 'मुझे एक पूरा करने के लिए 2/5 को जोड़ने के लिए कौन-सा अंश चाहिए?'

वे तब बोर्ड को देखेंगे और 3/5 या फिर एक अन्य अंश की पहली घटना देखेंगे जिसे 3/5 (जैसे 6/10 या 9/15) तक कम किया जा सकता है।

रोल और दो तरीकों का अभ्यास करें

1. अपूर्णांक को अपनी सबसे कम शब्दों में (जैसे कि अंश को सरल बनाने) को कम करना।
2. अंशों को जोड़ने (कभी-कभी अलग-अलग denominators

के साथ) एक के बराबर है।

3. यह मेरे बेटे को हमारे खेल को पकड़ने के लिए लम्बे समय तक नहीं ले गया और भले ही मैंने जीता (जो लगभग कभी नहीं हुआ) वह एक अच्छा खेल था और बाद में घंटे अब भी अंशों के बारे में बात कर रहा था।

आवश्यकता

1. गेम बोर्ड का 3 पृष्ठ पी.डी.एफ.
2. 3 पृष्ठों का हेवीवेट कार्डस्टॉक
3. अलग-अलग खेल टुकड़े, प्रत्येक खिलाड़ी के लिए एक (हम दो अलग-अलग रंगों में बड़े आकार का बटन प्रयोग करते थे)
4. कैंची

5. गर्म गोंद
6. टेप (गेम बोर्ड को एक साथ टेप करने के लिए)

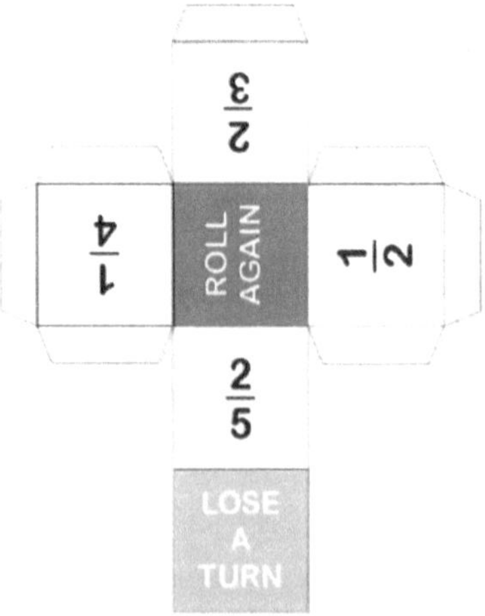

क्या करना है?

उनके खेल का टुकड़ा तब उस वर्ग में ले जाया जाएगा। अगर कोई खिलाड़ी हारता एक मोड़ रोल करता है, तो उनका खेल टुकड़ा इसके स्थान पर रहता है और एक प्रतिद्वन्द्वी को रोल और ले जाने के लिए मिलता है अगर

कोई खिलाड़ी रोल फिर से रोल करता है, तो उन्हें मरने के रूप में कहना होगा।

जब खिलड़ियों के अन्त के पास, जितने के लिए उन्हें 2/3 रोल करना होगा, क्योंकि 3/9 बोर्ड पर अन्तिम स्क्वायर है। फिनिश जीत पर पहुँचने वाले पहले खिलाड़ी।

3

डबल डिजिट डाइस रोल

बच्चों के लिए कभी-कभी दो अंकों की संख्या मुश्किल होती है—विशेषकर किशोर। यह छोटा खेल निम्नलिखित कौशल पर काम करता है—

- 1-6 की गिनती
- जगह मूल्य दसियों और लोग
- दो अंकों की संख्या शब्दावली

मेरे छह वर्षीय बेटे ने इसके साथ मस्ती का भार उठाया (और

उसके 10 वर्षीय भाई भी)। यह बिंगो–जैसे गेम, भाग्य और अवसर के बारे में है; कोई रणनीति आवश्यक नहीं

जिसकी आपको जरूरत है

1. गेम कार्ड का एक पी.डी.एफ.
2. कार्ड प्रिंट करने के लिए पेपर और प्रिंटर
3. खेल के टुकड़े
4. दो पारम्परिक पासे

प्रस्तुत करना

कार्ड प्रिंट करें और उन्हें अलग करें

प्रत्येक खिलाड़ी एक गेम कार्ड खेलता है और उनके सामने सेट करने के लिए खेल के टुकड़े के एक छोटे से ढेर को पकड़ता है। पहला टुकड़ा मुफ्त स्थान पर रखा गया है।

तय करें कि मरने वाले दासियों की जगह है और जो मर जाते

हैं वह जगह है (हमारा घन ऊतक बॉक्स मर गया क्योंकि यह बड़ा था और छोटे नीले रंग का फोम मर गया था।)

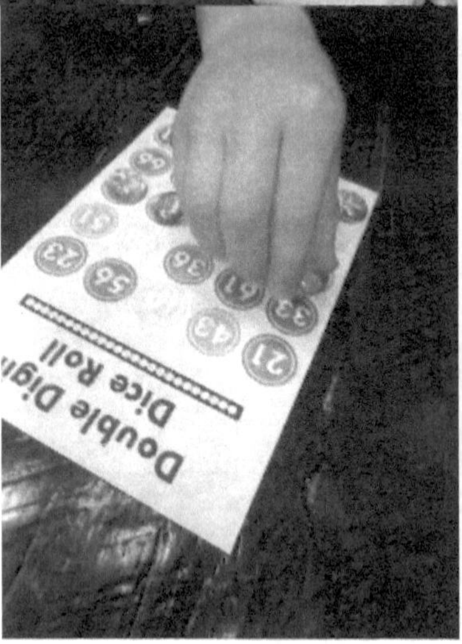

खेलना

प्रत्येक खिलाड़ी दो मरने के रोलिंग को बदल देगा संख्याएँ मर जाती हैं एक साथ जोड़ नहीं की जाती हैं, बल्कि एक दो अंकों की संख्या दर्शाती हैं।

खिलाड़ी को मरने पर डॉट्स की गणना करनी चाहिए, यह तय करें कि संख्या क्या है (उदाहरण के लिए दसियों में 3, 6 में वाले) और दो अंकों की जोर से जोर बताएँ (उदाहरण के छत्तीस)।

अब सभी खिलाड़ियों को यह देखना है कि क्या उनके कार्ड पर

संख्या मौजूद है, उनके खेल कार्ड को घुमावना चाहिए। यदि हाँ, तो एक खेल टुकड़ा के साथ कवर किया गया है।

[पहले खिलाड़ी को एक पंक्ति में पाँच (ऊर्ध्वाधर, क्षैतिज, या विकर्ण) जीतने का मौका मिला।]

4

अंश जोड़ना टिक-टैक-पैर की अंगुली

टिक-टैक-पैर की अंगुली मेरे सबसे पुराने बेटे की पसन्दीदा है हम अपने खाने के लिए इन्तजार करते समय रेस्तरां में बच्चों के मेनू पर उम्र के पुराने खेल खेल रहे कई मिनट बीत चुके हैं।

थोड़ा गणित अभ्यास जोड़ने के लिए, मैंने चार टिक टीएसी-पैर के अंगूठे के खेल बोर्डों को अंश के अलावा समस्याओं के साथ बनाया है शुरू करने के लिए, इन बोर्डों में केवल ऐसे अवरोधकों के साथ समस्याएँ हैं जो केवल 1 या उससे कम तक जोड़ती हैं।

(डिस्क से यहाँ के लिए किए गए बोर्डों को यहाँ डाउनलोड करें बोर्डों का एक खाली पृष्ठ भी है ताकि आप अपनी समस्याओं में लिख सकें!)

प्रस्तुत करना

मैंने कार्डस्टॉक पर बोर्ड छापे और फिर उन्हें एक प्लास्टिक शीट रक्षक के अन्दर फिसल कर दिया (सामने और पीछे) मैंने इसे नीचे छू दिया और सूखी-मिटाने वाले मार्करों क़े दो अलग-अलग रंगों को पकड़ा।

कोई शीट संरक्षक नहीं है? कोई बात नहीं। आप कार्डों को टुकड़े-टुकड़े कर सकते हैं या एक स्पष्ट प्लास्टिक की रिपोर्ट को पृष्ठों पर कवर कर सकते हैं ताकि सूखी-मिटाने वाले मार्कर को साफ किया जा सके और आप उन्हें बार-बार पुनः उपयोग कर सकते हैं।

Adding Fraction tic-tac-toe

$\frac{4}{5}+\frac{1}{5}$	$\frac{2}{6}+\frac{3}{6}$	$\frac{1}{3}+\frac{2}{3}$
$\frac{3}{5}+\frac{2}{5}$	$\frac{2}{4}+\frac{2}{4}$	$\frac{2}{6}+\frac{1}{6}$
$\frac{1}{5}+\frac{2}{5}$	$\frac{4}{6}+\frac{1}{6}$	$\frac{2}{3}+\frac{1}{3}$

खेलना

टिक टीएसी-टो के इस गेम में कोई एक्स या ओएस नहीं है इसके बजाय खिलाड़ी बोर्ड पर अपनी जगह का चयन करते हैं, अंश के अतिरिक्त समस्या को हल करते हैं और अपने रंग का सूखा-मिटा स्याही में जवाब के साथ स्थान को चिह्नित करते हैं।

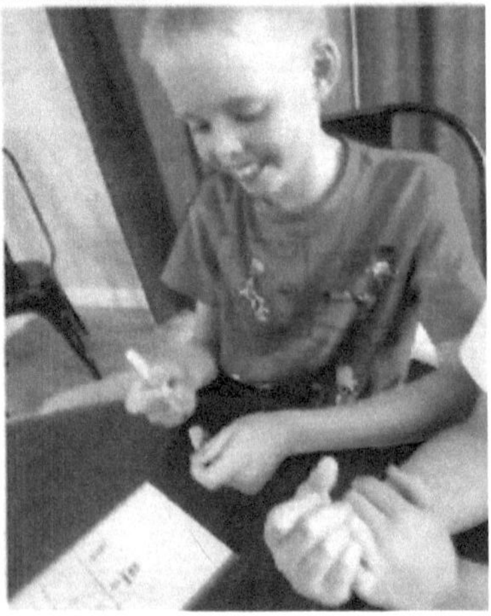

जब तक कि बोर्ड भर दिया जाता है तब तक खिलाड़ियों के बीच वैकलिप्क प्ले चलाएँ या एक खिलाड़ी को एक पंक्ति (क्षैतिज रूप से, लम्बवत या तिरछे) में पूरी तरह से तीन समस्याएँ आती हैं।

5

तितली गार्डन (एक तुलनात्मक खेल)

बच्चों को जीतने के लिए अपूर्णता मुश्किल जगती है हमारे 9 वर्षीय बेटे को मदद करने के लिए अलग-अलग भाजकों के साथ तुलना करने के लिए भिन्न संख्याओं की तुलना करें, जो कि बड़ा था, मैं उसे एक त्वरित और आसान शॉर्टकट सिखाना चाहता था।

बेशक, सीखना हमेशा अधिक मजेदार होता है जब आपको अपनी माँ के साथ पैर की अंगुली करने का मौका मिलता है और उसे हरा करने का प्रयास करने का मौका मिलता है इस मौके की सुविधा के लिए मैंने तितली गार्डन फ्रेक्शंस गेम बनाया।

वह खेल क्रॉस मल्टीप्लींग विधि (या तितली चाल) का उपयोग करता है यह निर्धारित करने के लिए कि कौन से अंश दूसरे से अधिक है यदि आप इस पद्धति से परिचित नहीं हैं, तो यह यूट्यूब वीडियो देखें।

आपको जरूरत है

1. 2-पृष्ठ पी.डी.एफ.
2. कागज
3. फाड़ना या एक प्लास्टिक शीट रक्षक
4. ठीक-टिप शुष्क मिटाने वाला मार्कर

अंक रखने के लिए उपकरण या तितली स्टैम्प लेखन

डिस्क से 2-पृष्ठ पी.डी.एफ. निःशुल्क डाउनलोड करने के लिए

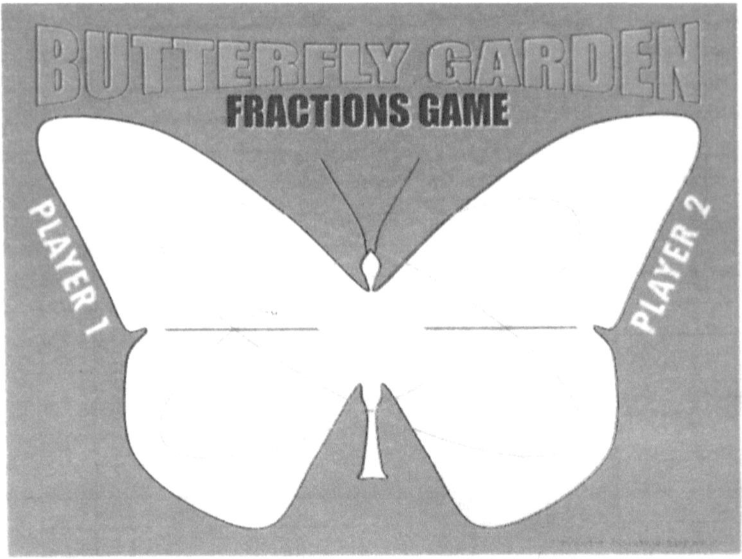

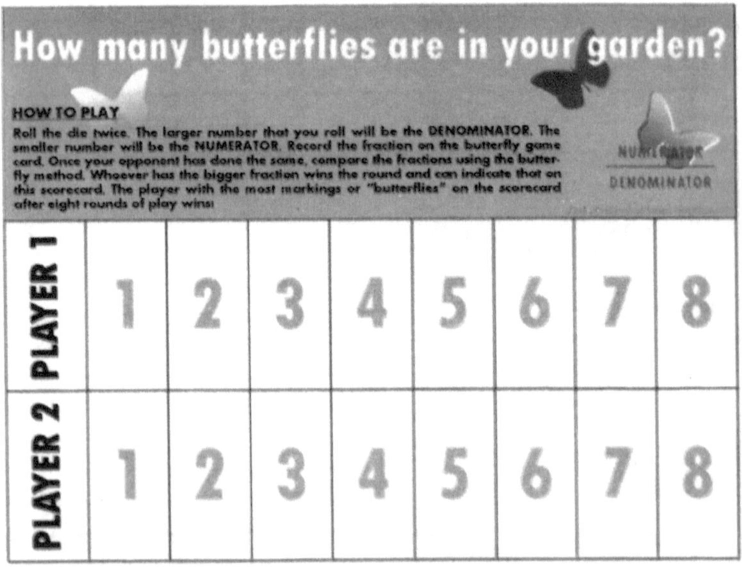

ऊपर दिए गए चित्र पर क्लिक करें। एक बार जब आप गेम बोर्ड और स्कोर कार्ड दोनों को मुदित कर लेते हैं, तो एक प्लास्टिक शीट रक्षक

BUTTERFLY GARDEN
FRACTIONS GAME
PLAYER 1
deceptivelyeducational.blogspot.com
{free printable} Play a Game that Compares Fractions.

के अन्दर गेम बोर्ड को रखें या इसे टुकड़े-टुकड़े करें। अब आप खेलने के लिए तैयार हैं।

कैसे खेलें

पहला खिलाड़ी दो बार मर जाएगा। बड़ी संख्या जो लुढ़का है वह डेनोमिनेटर होगी। छोटी संख्या नम्बर होगी।

तितली के पंख के सही पक्ष पर तितली गेम कार्ड पर अंश को रिकॉर्ड करें।

एक बार प्रतिद्वन्दी ने ऐसा किया है, तो तितली की विधि का उपयोग करके भिन्नताओं की तुलना करें।

जो भी बड़ा अंश गोल जीतता है और यह इंगित करता है कि स्कोर कार्ड पर; हमने एक तितली की एक रबर स्टैम्प का इस्तेमाल किया।

नाटक के आइ राउंड जीतने के बाद स्कोर कार्ड पर सबसे अधिक चिह्न या 'तितली' वाला खिलाड़ी!

और यदि आप सोच रहे हैं, तो मुझे क्रीमयुक्त मिला है। मेरे लड़के ने 6 राउंड जीते!!!

6

आओ डिस्पोजेबल स्पैटुला बनाएँ

मुझे दुरुपयोग करने के तरीके खोजने से प्यार है जो अन्यथा कचरा हो जाएगा। हमारे पाँच परिवार के छोटे परिवार के पास गली की गली में एक मजेजार रात थी। हमने कुछ पिज्जा का आर्डर दिया और सभी को हमारे मामा ने गेंदबाजी में झुकाया। जब उन्होंने हमें पिज्जा दिया, तो यह प्यारा-सा डिस्पोजेबल स्पैटुला के साथ आया था। मुझे पता था कि हम इसका इस्तेमाल किसी चीज के लिए कर सकते हैं, इसलिए मैंने इसे मिटा दिया और डायपर बैग में इसे फांस लिया।

पोस्ट और सोचा कि हम इस तरह के एक मजेदार विचार पर गणित स्पिन डाल देंगे! किडोस इन अतिरिक्त पैनकेक्स के साथ थोड़ा बहाना खेलने का आनन्द लेंगे यह आत्म-सही है, इसलिए यह कक्षा में स्वतन्त्र सीखने या केन्द्र की गतिविधि के लिए भी एकदम सही है।

यहाँ आपकी आवश्यकता होगी—कुछ पतले कार्ड बोर्ड, स्पेट्र्यूला, स्थायी मार्कर, और एक

कप (या किसी मंडली का पता लगाने के लिए कुछ और)।

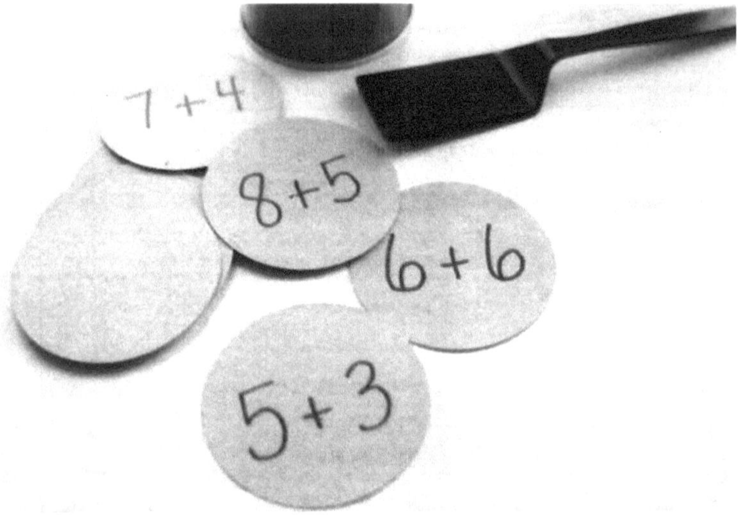

अपनी मंडलियों को हटा दें और एक तरफ अपने समीकरण लिखें।

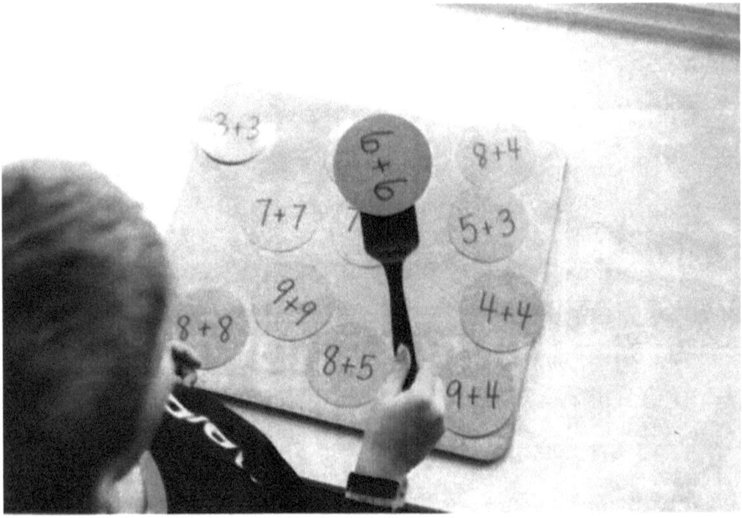

दूसरी तरफ, योग लिखिए।

अपने छोटे से एक क्लिपिंग करने के लिए चलो।

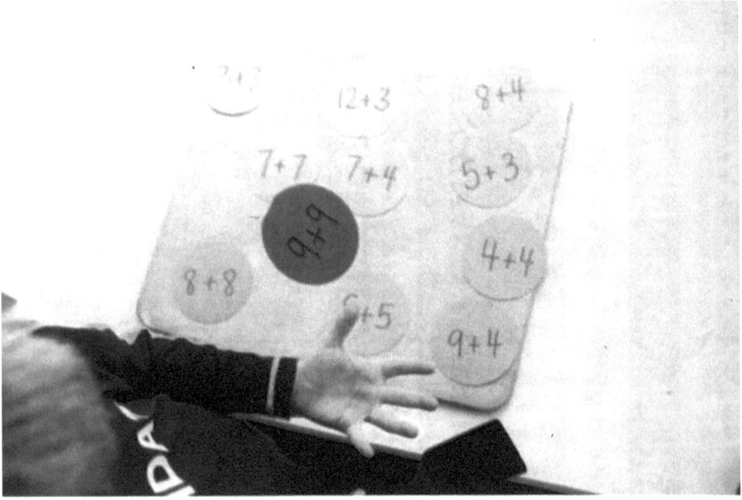

बिग ब्रदर ने अपने पिताजी को पैनकेक्स फ्लिकिंग का अनुकरण किया...वह बहुत उत्साहित थे।

मैं अपनी नई टूथलेस मुस्कुराहट प्यार कर रहा हूँ।

यदि आप इसे कक्षा में एक केन्द्र गतिविधि के रूप में उपयोग करना चाहते हैं तो इसे आसानी से एक गैलन-आकार के जिपलॉक में संग्रहीत किया जा सकता है।

7

गुणा के साथ हिमपात का चिह्न कोड ब्रेकर

इस पोस्ट में सहबद्ध लिंक हो सकते हैं (हो सकता है कि आपका अनुमान उतना अच्छा न हो जितना मेरा है)। चलो बस नीचे दिए गए किसी भी लिंक मान लीजिए, हालांकि सहयोगी हैं, ठीक है?

एक बिन्दु था जिसमें मेरे बच्चों में से कोई भी पढ़ नहीं सकता था और मेरे पति और मैं एक-दूसरे को रहस्य रखने के लिए नोट्स पास कर सकता था। तब बलू ने कैसे पढ़ा और वह और मैं लिखित रहस्य का आदान-प्रदान करेगा अब, सभी तीन लड़कों (लगभग, कम से कम) पढ़ रहे हैं और हम उस रणनीति का उपयोग नहीं कर सकते। हालाँकि,

कोड तोड़ रहा है? पूरी तरह से खेलने में आ रहा है इस बिन्दु पर, बलू केवल एक है जो इस कोड ब्रेकर को हल करने के लिए पर्याप्त गुणन जानता है! तो हम नोट्स विनिमय करने के लिए गुणा कोड ब्रेकर का उपयोग कर सकते हैं!

शीतकालीन प्रिंटनाथ बोनान्जा का यह दिन 2 है! (अधिकारिक नाम नहीं, सिर्फ चीजें बाहर की कोशिश!)। कैसी और मेरे पास कुछ अद्भुत प्रिंटबल्स हैं, जो अगले कुछ दिनों में आ रहे हैं। सभी प्रिंटबल्स पर अद्यतित रहने के लिए, न्यूजलेटर ऐसा स्थान है–

हिमपात का एक टुकड़ा और आन्तरिक सर्कल काट लें। दोनों के बीच में एक छोटा-सा छेद प्रहार करें फास्टनर को छोटे छेद के माध्यम से और कोड ब्रेकर के नीचे फास्टनर के किनारे के किनारों को दबाएँ। गुणा समस्याओं से मेल करने के लिए आन्तरिक चक्र स्पिन करें!

शीतकालीन गुणन कोड ब्रेकर का उपयोग कैसे करें

मैंने कोड ब्रेकर के साथ 4 मजाक या पहेलियों को शामिल किया

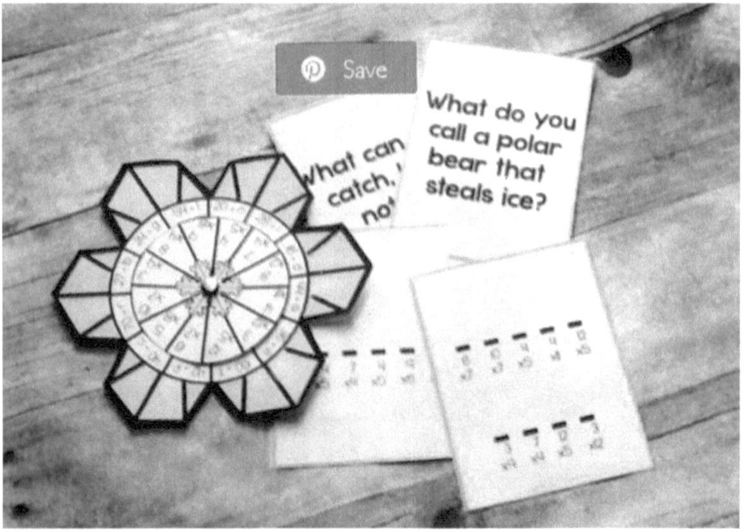

था। उन सभी का जवाब पीठ पर कोड में छिपा हुआ है! यदि आपका बच्चा इन्हें हल कर सकता है, तो उन्हें अपनी खुद की पहेली या मजाक लिखने के लिए कहें और पीठ पर कोड शामिल करें फिर देखने का प्रयास करें कि आप प्रश्न हल कर सकते हैं!

पीछे और गुप्त नोट्स भेजें! रहस्य नोट भेजने और प्राप्त करने में जितना रोमांचक नहीं है! आप ब्रेकर के प्रत्यक्ष कोड का उपयोग कर सकते हैं या इसे थोड़ा अधिक मुश्किल बना सकते हैं! अपनी कल्पना का प्रयोग!

8

एक मौसम कैलेंडर डिजाइन करें

ग्रेड	पूर्व स्कूल
विषय	विज्ञान
ओ डाटा	अधिक या कम
गणित	ए. समय

(एक कैलेंडर पर दिन, सप्ताह और महीने)

जिसकी आपको जरूरत है

1. खाली कैलेंडर
2. क्रेयंस
3. रंगीन पेंसिल

आप क्या करते हैं

1. आपके बच्चे को मौसम के आंकड़ों को इकट्ठा करने से पहले, आपको रिक्त कैलेंडर की आवश्यकता होगी। चिन्ता मत करो, आपको कुछ फैंसी की जरूरत नहीं है। आप इस गतिविधि के निचले भाग में टेम्पलेट का उपयोग कर सकते हैं (यद्यपि आप शायद एक कॉपी स्टोर पर इसे उड़ाने के द्वारा, बक्से को बड़ा करना चाहते हैं), या बस इसे एक गाइड के रूप में प्रयोग करें और खरोंच से अपना खुद का बनाएँ।

जो भी आप आधार के रूप में उपयोग करते हैं, शीर्ष पर महीने का नाम लिखें और फिर अपने बच्चे को महीने के प्रत्येक दिन की संख्या के साथ बॉक्स में भरने की सहायता करें। सुनिश्चित करें कि प्रत्येक बॉक्स में तस्वीर के लिए पर्याप्त जगह है, क्योंकि आपका बच्चा प्रत्येक दिन मौसम रिकॉर्ड करेगा।

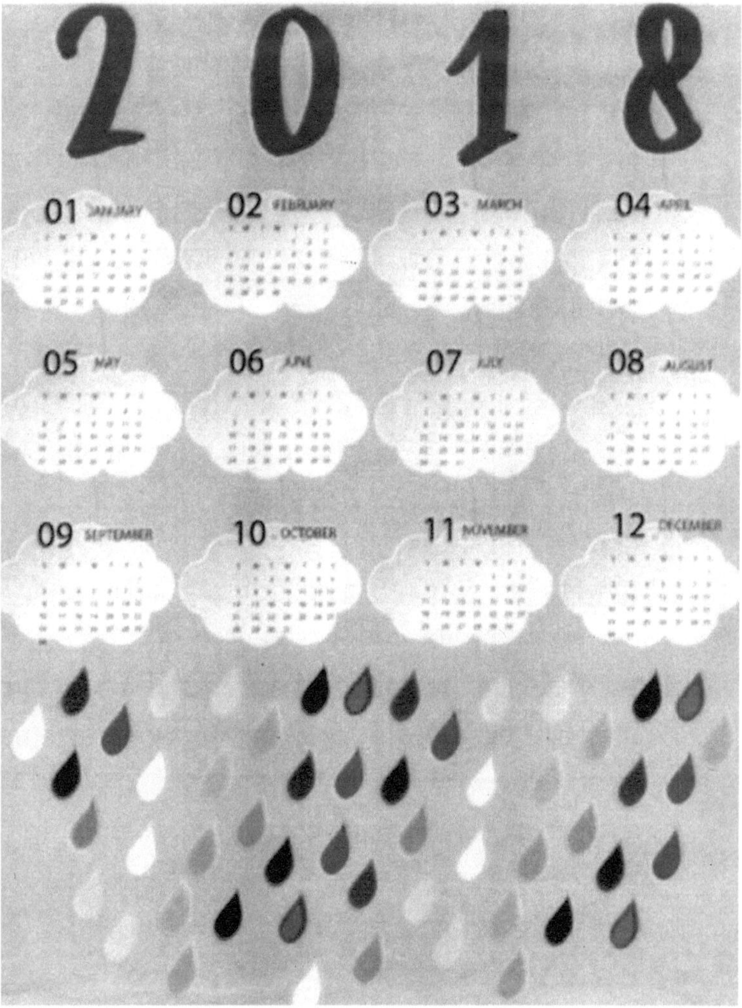

2. कैलेंडर रखें जहाँ आपका बच्चा इसे आसानी से देख सकता है। रेफ्रिजरेटर आमतौर पर एक अच्छा विकल्प है।
3. अपने बच्चे के साथ मौसम के बारे में बात करने के लिए हर दिन एक समय चुनें। फिर हर दिन पर सहमत हुए, यह मौसम का समय है कि घोषणा! अपने बच्चे को एक चिड़िया की आँखों के देखने के लिए खिड़की पर भेजें और उसे तय करें कि आप किस तरह के मौसम में हैं—धूप, बादल छाए, आंशिक रूप से बादल छाए, बरसात या हिमपात।
4. एक बार जब उसने अपनी घोषणा की, तो उसे कैलेंडर पर मौसम की तस्वीर खींचकर रिकॉर्ड करने का समय आ गया है। यह आसान रखने के लिए सबसे अच्छा है—उदाहरण के लिए, धूप के लिए एक धूप, बादल के लिए एक बादल, बर्फ के लिए तारांकनिक, आंशिक रूप से बादल छाए रहने के लिए सूरज के साथ बादल और बारिश के लिए छोटी बूँदों वाला बादल। आपका बच्चा जो भी प्रतीकों को चुनता है, उन्हें उन्हें यथासम्भव संगत रखना चाहिए ताकि परिणाम को अन्ततः मिलान करने में आसानी हो।
5. महीने के अन्त में, अपने बच्चे की गणना करें कि वहाँ कितने सनी दिन थे। अन्य सभी प्रकार के मौसम के लिए दोहराएँ और जब आपके पास सभी नम्बर होते हैं, तो उन्हें बक्से में रंग भरकर ग्राफ पर डेटा रिकॉर्ड करने में मदद करें। (आप निम्न ग्राफ को बड़ा कर सकते हैं या अपना खुद का बना सकते हैं।)
6. अन्त में बहुत सारे सवाल पूछकर ग्राफ पर चर्चा करें। उदाहरण के लिए—....के महीने में कितने धूप दिन थे?
   - ओ कितने बादल दिन?
   - क्या अधिक धूप दिन या बर्फीली दिन थे?

- ओ इस माह में किस प्रकार का मौसम था?

जैसा कि आपके बच्चे को इस प्रक्रिया में इस्तेमाल किया जाता है, वह सम्भावना कुछ रुझानों को देखने के लिए शुरू हो जाएगा प्रत्येक माह के लिए मौसम कैलेंडर और आलेख रखें, भले ही आप महीने के आगे-आगे बढ़ें। आखिरकार आपका बच्चा दो महीनों की तुलना करना शुरू कर देगा और आने वाले महीनों के बारे में अनुमान लगाएगा। बधाई हो—भविष्य के वैज्ञानिक का जन्म होता है!

9

ग्राफ पहेली को हल करें

निर्देशांक विमानों? चार चतुर्थक? मंगाए गए जोड़े? ये ये शब्द हैं जो छात्रों को मध्य ग्रेड में बेचैन करते हैं। हालांकि, अभ्यास के साथ, समन्वय विमान पर रेखांकन एक सुखद गतिविधि हो सकता है पाँचवीं कक्षा में, छात्रों को सकारात्मक और नकारात्मक संख्याओं को समझते हैं ताकि चार क्वाड्रंट्स पर रेखांकन एक समस्या का समाधान करने के लिए इस ज्ञान को लागू करने का एक तरीका है। ज्यामितीय आंकड़े बनाने के क्रमबद्ध युग्मों का उपयोग करना पहेली को सुलझाने जैसा है!

ग्राफिंग कौशल का अभ्यास करके, छात्र अपने दृश्य सोच और समस्या को सुलझाने के कौशल बढ़ा रहे हैं। यहाँ एक मजेदार, ज्यामितीय पहेली गतिविधि है जो आपके बच्चे के हित को कैप्चर करेगी और उसकी संख्या जागरूकता को मजबूत करेगी।

जिसकी आपको जरूरत है

1. ग्राफ पेपर
2. पेंसिल
3. रूलर

आप क्या करते हैं

(2, 2), (2, 4), (3, 5), (4, 4), (4, 2)

Four Quadrant Graphing Puzzle

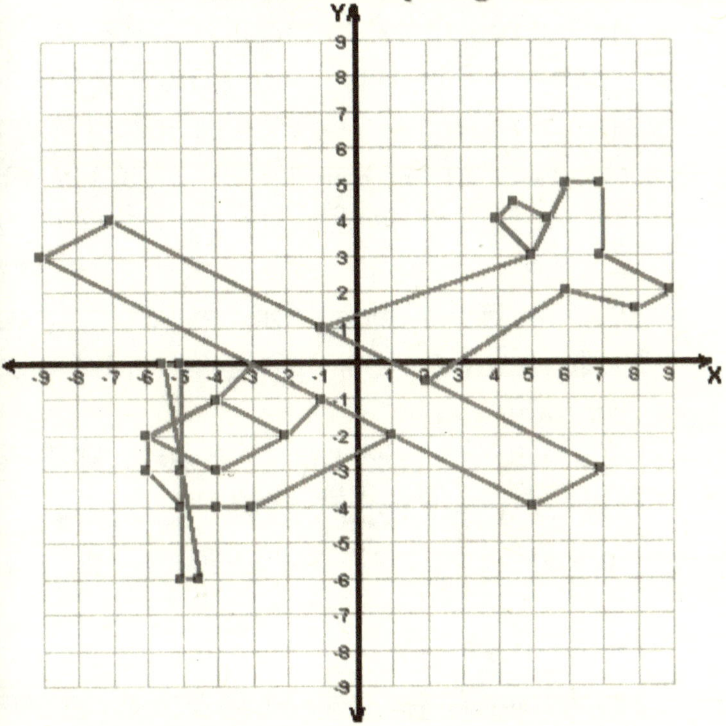

(Connect each sequence of points with a line)

(–3, 0), (–4, –1), (–6, –2), (–6, –3), (–5, 4), (–3, –4), (1, –2)

(–1, 1), (5, 3), (6, 5), (7, 5), (7, 3), (9, 2), (8, 1.5), (6, 2), (2, –5)

(–5, –3), (–5.5, 0), (–5, 0), (–5, –6), (–4.5, 6), (–5, –3)

(–9, 3), (–7, 4), (7, –3), (5, –4), (–9, 3)

(–6, –2), (–4, –3), (–2, –2), (–1, –1)

(5, 3), (4, 4), (4.5, 4.5), (5.5, 4)

(–4, –1), (–2, –2)

(End of Sequence)

1. ग्राफ पेपर का प्रयोग करके, अपने बच्चे को चार क्वाड्रंट प्लेन बनाने में मदद करें। X-अक्ष (क्षैतिज रेखा) और Y-अक्ष

(ऊर्ध्वाधर पंक्ति) लेबल करें। दोनों पंक्तियों का अन्तरालन लेबल करें। X-अक्ष 1 से 7 के दाहिनी ओर प्रत्येक बिन्दु को लेबल करें। X-अक्ष–1 से –7 पर बाईं ओर प्रत्येक बिन्दु को लेबल करें। Y-अक्ष लेबल पर सकारात्मक संख्याओं के साथ अंक, 1–7, और फिर नकारात्मक संख्याओं के साथ अंक नीचे लेबल, –1 से –7। प्रिंट करने योग्य निर्देशांक विमान कार्यपत्रक का उपयोग करते समय, X-अक्ष और Y-अक्ष का प्रिंट करने योग्य निर्देशांक विमान कार्यपत्रक का उपयोग करते समय, X-अक्ष और Y-अक्ष का प्रिंट आउट और समीक्षा करें।

2. अपने बच्चे को ये आदेश दिए जोड़ें दें और उन्हें निर्देशांक विमान पर साजिश करने के लिए कहें–

   (0, –2), (1, –3), (2, –2), (2, –4), (1, –5)
   (–1, –5), (–2, –4), (–2, –2) (–1, –3)

3. X-अक्ष पर क्रमबद्ध युग्म की पहली संख्या और Y-अक्ष पर क्रमबद्ध युग्म की दूसरी संख्या को हल करने के लिए अपने बच्चे को याद दिलाएँ।

4. इसके बाद, आपका बच्चा एक शासक लेता है और 5 अंक जोड़ता है। उससे पूछें कि उन्होंने किस ज्यामितीय आकार का निर्माण किया (एक पेंटागन)

5. अपने बच्चे को आदेश दिया युग्म के एक समूह को ग्राफ में दें–

   (–2, 3), (–3, 5), (–4, 6), (–5, 5), (–6, 3), (–4, 4), (–2, 5), (–6, 5)

6. उसे 9 बिन्दुओं से जुड़ें और उन्होंने जो आकार बनाया है उसका वर्णन करें (एक ट्यूलिप)

7. आपके बच्चे को हल करने के लिए यहाँ एक चुनौतीपूर्ण

पहेली है। उसे आदेशित जोड़े के इस सेट को साजिश कराएँ।

इस बार दिखाए गए क्रम में अंक कनेक्ट करना महत्वपूर्ण है। यदि प्रत्येक आदेश दिया गया जोड़ी सही ढंग से छिड़कती है और प्रत्येक बिन्दु को दिए गए क्रम में जुड़ा हुआ है, तो वह पाँच

10

मीन, माध्य और मोड कार्ड गेम

समझना, औसत और मोड एक महत्वपूर्ण शुरुआती गणित कौशल है। हर बच्चे के लिए अपील करने के लिए डिजाइन किए गए इस हाथ-ऑन कार्ड गेम के साथ अपने बच्चे के मास्टर की माध्य, मध्य और मोड की सहायता करें।

जिसकी आपको जरूरत है

1. पेंसिल
2. सफेद कागज
3. ताश के पत्ते
4. कैलकुलेटर (वैकल्पिक)

आप क्या करते हैं

अपने बच्चे के साथ इन प्रमुख शब्दों की परिभाषा की समीक्षा करें।

माध्य

माध्य एक नमूना में सभी नम्बरों का औसत है। एक सेट में सभी नम्बरों को जोड़ें और एक माध्य की गणना करने के लिए कुल आइटम की संख्या से विभाजित करें।

मध्य संख्या उन संख्याओं की एक श्रृंखला में है जो कम से कम लेकर सबसे बड़ी तक की गई है। यदि डेटा सेट में एक भी संख्या में मदों की संख्या होती है, तो औसत मध्य दो अंकों की गणना करके गणना की जा सकती है।

मोड

मोड वह संख्या है जो डेटा सेट में सबसे अधिक बार प्रकट होता है।

एक बार जब आपका बच्चा इन शब्दावली शब्दों के बीच मतभेदों को पकड़ता है, तो इस कार्ड गेम से निपटने के लिए 4 खिलाड़ियों को इकट्ठा और इन गणित संकल्पनाओं में से प्रत्येक का अभ्यास करें केवल ऐस का उपयोग करके 10 कार्ड के माध्यम से, प्रत्येक खिलाड़ी के लिए 7 कार्डों का निपटारा करें। हर कोई क्रमिक क्रम में अपने कार्ड की व्यवस्था करता है, प्रत्येक एस के साथ संख्या 1 का प्रतिनिधित्व करता है।

आओ गेम खेलें

1. मीन गेम ढूँढ़ना अपने कार्डों की संख्याओं के कुल मूल्य को खोजने के लिए हर किसी को खेलना सीखें। प्रत्येक खिलाड़ी को अपने कुल 7 अंकों (सेट में आइटम्स की कुल संख्या) के साथ विभाजित करना चाहिए और इसका अर्थ खोजने के

लिए निकटतम पूर्ण संख्या में गोल होना चाहिए। उदाहरण के लिए, अगर आपके हाथ में कार्ड 2, 2, 3, 6, 7, 7, 9 हैं, तो उन अंकों का योग 38 है। 7 से राशि 7 में विभाजित करें ताकि आपका जवाब 5 हो। आपका उत्तर आपको प्रत्येक दौर में प्राप्त अंकों की संख्या दर्शाता है खिलाड़ियों को हर डिवीजन की समस्या का जवाब ढूँढ़ने में मदद करने के लिए स्क्रैच पेपर और पेंसिल प्रदान करें, या प्रक्रिया को गति देने के लिए कैलकुलेटर का उपयोग करें।

2. औसत गेम ढ़ूँढ़ना इस गेम में खिलाड़ियों को कई अंक मिलते हैं जो उनके हाथों में मध्य कार्ड से मेल खाते हैं। उदाहरण के लिए, उपरोक्त हाथ के लिए बिन्दु का मूल्य 6 होगा, क्योंकि 6 उस सेट के मध्य कार्ड का मूल्य है।
3. मोड खेल ढूँढ़ना उपरोक्त गेम की तरह, यहाँ गेम राउंड में अंकों की संख्या कार्ड के प्रत्येक हाथ में मोड द्वारा परिलक्षित होती है। यदि कोई मोड नहीं है (एक नम्बर एक से अधिक बार प्रदर्शित होता है), तो उस खिलाड़ी ने उस दौर के लिए 0 अंक बनाए हैं ऐसी परिस्थिति में जहाँ कई तरीके हैं। खिलाड़ी कई बिन्दुओं को प्राप्त करता है जो मोडों के योग से मेल खाता है। उदाहरण के लिए, उपरोक्त हाथ के लिए मोड 9 होगा, क्योंकि 7 और 2 दोनों तरीके हैं।

प्रत्येक गेम में विजेता 21 व्यक्तियों का कुल स्कोर करने वाला पहला व्यक्ति है। यह संख्या उन बच्चों के लिए कम की जा सकती है जिनके पास कम ध्यान वाले स्पैन हैं।

11

संख्या रेखा गेम खेलें

प्रथम श्रेणी में, छात्रों को गिनती, क्रम और संख्याओं की तुलना करना सीखना है। उंगलियों को शुरू करने के लिए एक बढ़िया स्थान है, लेकिन जैसा कि बच्चों को आप बताएँगे, आप संख्या दस के बाद एक बार प्रभावी हो सकते हैं! इसलिए, छात्रों के आदेश और संख्याओं की तुलना करने में मदद करने के लिए, अध्यापक अक्सर संख्या रेखा का उपयोग करते हैं। बच्चों का उपयोग गिनती के पैटर्न को सुदृढ़ करने और स्थान के मूल्य को समझने के लिए करते हैं। बेशक, यह

प्राथमिक है, लेकिन कोई गलती न करें—ये गणितीय बिल्डिंग ब्लाकों को छात्रों की सहायता करते हैं क्योंकि वे बड़ी संख्या की चुनौतियों का सामना करते हैं और अधिक जटिल समस्या को सुलझाने के लिए।

तो अपने बच्चे को मास्टर ऑफ लाइन नम्बर बनाएँ! इस गेम को बनाएँ, और उसे कुछ हाथों से अभ्यास क्रम संख्या दें।

जिसकी आपको जरूरत है

1. संख्या रेखा (संख्या 20 से 40 लिखिए)
2. 18 नम्बर कार्ड (संख्या 21 से 39 दिखा रहा है)
3. पेंसिल और पेपर

आप क्या करते हैं

1. नम्बर कार्डों को फेरें और उन्हें स्टैक में रख दें। क्या आपका बच्चा पहला कार्ड उठाता है।
2. कार्ड के बारे में देखे जाने के बाद, उसे उससे पहले आने वाली संख्या का नाम देने के लिए कहें। उसके बाद उसके नाम का नाम है जो उसके बाद आता है। यदि आपका बच्चा झिझकता है, तो आप पूछ सकते हैं कि वह कौन-सी कार्ड है, उस नम्बर की तुलना में यह संख्या 1 कम (या 1 अधिक है।)
3. संख्या रेखा का प्रयोग करके, अपने बच्चे को यह देखने के लिए जाँचें कि क्या उसने नम्बरों को सही ढंग से नाम दिया है यदि हाँ, तो वह कार्ड रखती है वह जीतने वाली सभी कार्डो को रखने के लिए वह 'जीत' ढेर शुरू कर सकती है।
4. उसी तरह जारी रखें जब तक आपके बच्चे ने सभी कार्डों को नहीं देखा हो। उसे 'जीत' ढेर में कार्डों की गणना करने के लिए कहें।

सब कुछ कर दिया? जिन कार्डों की संख्या आपके बच्चे ने जीती है, उनकी अगली बार रिकॉर्ड करें कि अगली बार जब आप नम्बर लाइन गेम खेलें तो वह अपने स्कोर को हराकर कोशिश कर सकती है!

12

एक घड़ी बनाओ

आपने सोचा था कि यह दिन कभी नहीं आएगा, लेकिन अनुमान लगाओ, यह समय है! समय देने के लिए उन्हें जानने में मदद करने के लिए एक घड़ी बनाने के लिए आपके बच्चे का समय, यह है। इस कौशल को माहिर पहली बार मुश्किल लग सकता है, लेकिन अभ्यास के साथ-साथ, छात्रों ने अपनी समझ को मजबूत किया कि घड़ियाँ कैसे काम करती हैं। यहाँ एक मजेदार गतिविधि है जो बच्चों को अपनी खुद की एक घड़ी बना देती है, और फिर फुटबॉल गेम की तरह, वास्तविक-विश्व की घटनाओं में समय के महत्व को देखते हैं!

जिसकी आपको जरूरत है

1. पुराने फ्रिसबी, या एक मोटी पेपर प्लेट
2. मार्कर
3. कैंची या ड्रिल
4. पोस्टर बोर्ड या भारी पेपर
5. पेपर फास्टनरों
6. सर्किल आकार के स्टिकर

7. पेपर
8. पेंसिल

आप क्या करते हैं

1. केन्द्र में एक छोटे से छेद करके शुरू करो (एक प्लेट के साथ, आप कैंची का उपयोग कर सकते हैं। एक फ्रिसबी के साथ, आपको ड्रिल का उपयोग करना होगा)। अपने बच्चे को पता चले कि वह अपना स्वयं का घड़ी बनाने जा रहा है और फ्रिसबी या पेपर प्लेट घड़ी की चेहरे के रूप में काम करेगा। यदि आपके पास घर में एनालॉग वॉच या घड़ी है, तो उसे एक मॉडल के रूप में उपयोग करने के लिए तालिका में ले जाएँ।
2. अपने बच्चे को 'घड़ी के चेहरे' के शीर्ष पर एक स्टिकर रखने और नीचे एक सीधे विपरीत, पूछें। मार्कर के साथ, उस शीर्ष स्टीकर पर नम्बर 12 और नीचे सीटकर पर नम्बर 6 लिखना है। अब उसे हर तरफ एक स्टिकर रखने के लिए कहें, आधे रास्ते में ऊपर और नीचे के बीच। उसे दाएँ हाथ के स्टिकर पर 3, और बाएँ हाथ वाले स्टीकर पर 9 लिखना चाहिए। फिर, अपने एनालॉग घड़ी को एक मॉडल के रूप में सन्दर्भित करते हुए, स्टिकर और उसके मार्कर का उपयोग करके घड़ी पर अन्य नम्बरों को भरने के लिए कहें।
3. अब घड़ी हाथ के लिए समय है! पोस्टर बोर्ड का उपयोग करके, दो तीरों को काट लें–मिनट के लिए एक लम्बा और एक घंटे के लिए छोटा। पेपर फास्टनर के साथ तीरों के छोर को पियर्स, इसे अपने घड़ी के केन्द्र के मध्य में छेद से स्लाइड करें, और पीठ पर इसे सुरक्षित करें।
4. सप्ताह का एक दिन चुनें और अपने बच्चे की मदद से अपनी

गतिविधियों की एक सूची बनाएँ। इसमें फुटबॉल अभ्यास, एक वायलिन सबक, स्कूल जा रहे हैं, एक प्लेडेट, दादी के साथ शॉपिंग यात्रा...या सिर्फ एक स्नैक खाने के लिए समय है। प्रत्येक प्रविष्टि के बगल में, गतिविधि शुरू होती है, निकटतम आधे घंटे तक घूमता है।

5. इसे ठोस बनाओ! अपने बच्चे को घड़ी के चेहरे पर घंटे के हाथ और मिनट के हाथ की पहचान करने में सहायता करें उसे याद दिलाएँ कि घंटे के हाथ से पता चलता है कि घंटा और मिनट का हाथ मिनट दिखाता है। अब, सुनिश्चित करें कि वह जानती है कि घड़ी का कौन-सा हाथ लम्बा है (मिनट का हाथ) और घड़ी का हाथ कम (घंटा हाथ) है। एक गतिविधि चुनें और घड़ी पर अपना समय निकालें। गतिविधियों से शुरू करें जो कि घंटों से शुरू हो जाएँ और फिर उन गतिविधियों पर जाएँ जो आधे घंटे में हैं।
6. यदि आपके बच्चे को परेशानी हो रही है, तो घड़ी के चारों ओर हाथों को स्थानान्तरित करें, प्रत्येक घंटे के नाम पर जाने के लिए। फिर अपने बच्चे को इस पर जाने दो। अभी तक काफी नहीं? डोंट वोर्री। समय देने के लिए अभ्यास के साथ हमेशा आसान हो जाता है...और समय बेशक!

13

गुणा युद्ध गेम

गुणा करना युद्ध, एक मजेदार कार्ड खेल, अपने बच्चे के साथ और इससे पहले कि उन गुस्से से गुणन तथ्यों उसके गणितीय कौशल सेट का हिस्सा होगा। गुणात्मक कौशल को मजबूत करने के अलावा, मूलीकरण युद्ध संख्याओं की तुलना करने में भी अभ्यास प्रदान करता है।

जिसकी आपको जरूरत है

1. ताश के पत्तों की डेक
2. एक रसोई टाइमर

आप क्या करते हैं

1. कार्ड के डेक को घसीटना और उन्हें सामना करना पड़ता है, प्रत्येक खिलाड़ी को बराबर संख्या में कार्ड रन आउट होने तक देता है। प्रत्येक खिलाड़ी अपने कार्ड को एक स्टैक में रखता है। तस्वीर कार्ड, जैसे कि जैक, क्वीन और किंग्स को असाइन करें, 10 का मूल्य एसेस को 11 या 1 का मूल्य दें।
2. अपने बच्चे से खेलना सीखें कि कैसे खेल खेलें—प्रत्येक खिलाड़ी दो कार्ड मुहैया करता है, संख्या की सजा पढ़ता है और जवाब देता है। उदाहरण के लिए, यदि आपका बच्चा 5 और एक खींचता है, तो वह $5 \times 4 = 20$ कहता है। यदि

आप 7 और एक 8 आकर्षित करते हैं, तो आपकी संख्या का वाक्य $7 \times 8 = 56$ होता है। क्योंकि आपका उत्पाद बड़ा है, इसलिए आप जीत सकते हैं चार कार्ड और आप उन्हें अपने ढेर के नीचे डाल दिया।

3. यदि आपके प्रत्येक में एक ही उत्पाद के साथ एक संख्या का वाक्य है, तो यह युद्ध है। प्रत्येक खिलाड़ी चार कार्ड का सामना करता है और उनमें से दो को बदल देता है। सबसे बड़ा उत्पाद वाला खिलाड़ी आठ कार्ड जीतता है।
4. टाइमर सेट करें और गेम को 10 से 15 मिनट तक चलाएँ। जब घंटी बन्द हो जाती है, तो प्रत्येक खिलाड़ी उसके कार्ड की गणना करता है। सबसे कार्ड जीतने वाला खिलाड़ी जीत जाता है अगर एक खिलाड़ी समय से पहले कार्ड से बाहर निकलता है, तो दूसरा खिलाड़ी जीत जाता है।

5. 'ड्रिल और मार' को उबाऊ नहीं बोलें अपना गेम प्राप्त करें! गुणन मठ युद्ध अपने बच्चे के साथ समय बिताने का एक सुखद तरीका है, जबकि उनके गणित कौशल को मजबूत करते हैं।

14

लापता अंक ढूँढ़ें

ठीक है, स्थान मूल्य की पहचान करना आइस्क्रीम खाने के रूप में मजेदार नहीं है, लेकिन कुछ सूचकांक कार्ड और प्रतिस्पर्धी भावना के साथ, यह खेल के रूप में प्रच्छन्न हो सकता है! यह गेम, जो आपके बच्चे को चार अंकों की संख्या में लापता अंक खोजने के लिए चुनौती देता है, आपके बच्चे की हजारों, सैकड़ों, दासियों और लोगों की समझ को मजबूत करेगा। खेलने के कुछ राउंड के बाद, आपका बच्चा किसी भी व्यवसाय की तरह मूल्य की पहचान नहीं करेगा!

जिसकी आपको जरूरत है

1. 40 इंडेक्स कार्ड—0-9 से प्रत्येक अंक के लिए चार कार्ड बनाने के लिए उन्हें प्रयोग करें (उदाहरण के लिए, नम्बर 0 के साथ चार कार्ड बनाएँ, चार नम्बर 1 के साथ, आदि)
2. प्लेस वैल्यू चार्ट जिसमें हजारों, सैकड़ों, दसियों और लोगों को दिखाया गया है।

आप क्या करते हैं

1. प्रत्येक खिलाड़ी को 20 नम्बर कार्ड का एक समूह दें। सुनिश्चित करें कि प्रत्येक व्यक्ति के पास दो संख्याएँ हैं अपने बच्चे के साथ स्थान मूल्य चार्ट की समीक्षा करें।

2. गेम खेलना शुरू करने के लिए कहें कि एक 4 अंकों की संख्या जोर से है। अपने तीन नम्बर कार्ड ले लें और उनमें से प्रत्येक को इसी स्थान मूल्य वर्ग में रखें। एक वर्ग रिक्त होगा मुद्दा यह है कि आपके बच्चे को यह पता लगाना होगा कि कौन-सा गायब है। उदाहरण के लिए यदि आप कहते हैं कि संख्या 1,236 और जगह कार्ड हजारों, सैकड़ों और एक स्थान में है, तो उसे यह पता लगाना होगा कि 3 दासियों की स्थिति से गायब है।
3. नम्बर फिर से कहो खाली स्थान मूल्य वर्ग पर, अपने बच्चे को नम्बर एक कार्ड, एक लापता अंक दिखा रहा है, रखकर नम्बर पूरा करें। क्या आपका बच्चा लापता अंक का स्थान मान पढ़ता है? अपने बच्चे से पूरी संख्या को पढ़ने के लिए कहें। वह हर गुम संख्या के लिए पाती है, उसे एक अंक मिलता है।
4. भूमिकाओं को स्विच करें।

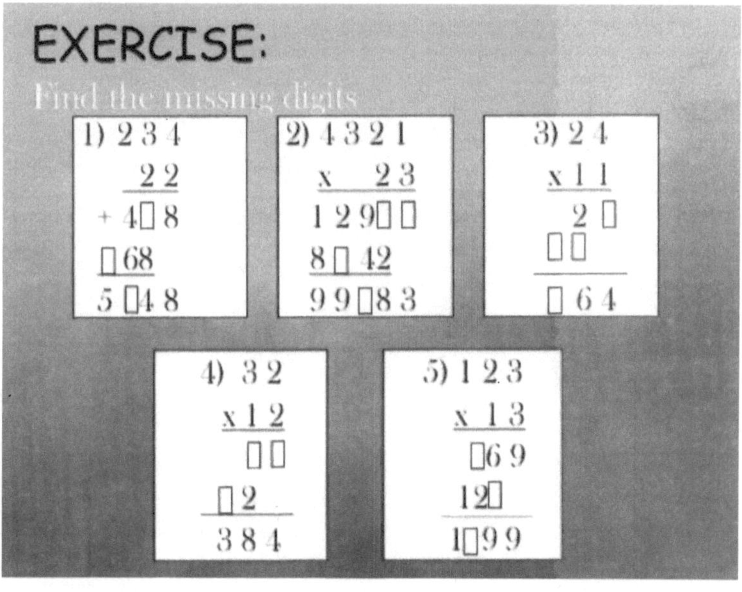

5. आपके द्वारा इस गेम को कई बार केवल एक अंकों के साथ लापता होने के बाद खेला है, फिर भी लापता अंकों की संख्या में वृद्धि करने की कोशिश करें। लम्बे समय से पहले, आपका बच्चा सभी चार अंकों की आपूर्ति करना चाहता है—खुशी से ट्रम्प होने की तैयारी!

15

नम्बर गेम के लिए मछली से खेलें

आपको क्या चाहिए

1. विभिन्न रंगों में निर्माण कागज
2. कैंची
3. छेद बनाना
4. चुम्बक
5. पेपर क्लिप्स
6. मछली पकड़ने के पोल के सँभाल बनाने के लिए डॉवेल या टिंकर खिलौना
7. मछली पकड़ने की रेखा बनाने के लिए स्ट्रिंग
8. सुपर गेंद

आप क्या करते हैं

1. दस पेड़ों के आकार के आकारों में कटौती करें, प्रत्येक के बारे में 6 इंच लम्बा, निर्माण के विभिन्न रंगों के बाहर पेपर।
2. प्रत्येक मछली पर 1 से 10 तक एक अलग संख्या लिखें।
3. मुँह क्षेत्र के पास हर एक में छेद लगाओ। संलग्न करने के लिए प्रत्येक छेद के माध्यम से एक पेपर क्लिप स्लाइड करें।
4. मछली पकड़ने वाली छड़ी बनाने के लिए डॉवेल को स्ट्रिंग टाई।

5. स्ट्रिंग के अन्त में चुम्बक का पालन करने के लिए सुपर गोंद का उपयोग करें। इसे अच्छी तरह सुखा दें।
6. खेलने के लिए—मछली को तितर-बितर करें ताकि संख्या स्पष्ट रूप से दिखाई दे। अपने बच्चे को बताइए, 'मुझे 4 नम्बर की मछली के लिए भूख लगी है!' और उसके लिए उसे तलाश करें, फिर 'रॉड' को कम करें, जब तक कि चुम्बक पेपर क्लिप नहीं पकड़ता और वह इसे फिर से रील कर देता है। मछली ऐसे खेल के लिए पकड़ी जाती हैं जो बहुत मजेदार है, यह गणित का अभ्यास भी महसूस नहीं करता है!

अन्य चीजों को भी अभ्यास करने के लिए इसका उपयोग करके खेल को अलग करें! वर्णमाला मान्यता पर काम करने के लिए मछली पर पत्र लिखें, या प्रत्येक मछली पर एक दृष्टि शब्द डालें या कुछ और उन्नत गणित अभ्यास के लिए, एक नम्बर का चिल्लाओ और बच्चों को 'बड़ा' या 'छोटे' के लिए मछली से पूछें।

16

एक मंडला बनाएँ

मंडल ड्राइंग एक ज्यामितीय पैटर्न है जो ब्रह्मांड को दर्शाता है। कई पूर्वी धर्मों के लिए, मंडल पवित्र कला का रूप है। सबसे अधिक एक वर्ग का प्रारूप होता है, जिसमें सान्द्रक मंडल और केन्द्र बिन्दु के रूप में एक मंडल होता है। अब आपका बच्चा अपने ही सुन्दर मंडल को इस आसान तकनीक से आकर्षित कर सकता है जो हर बार सममित परिणाम सुनिश्चित करता है! कला के इस टुकड़े को बनाने के लिए सभी कार्यों को मापना, गणित और रंग देना।

जिसकी आपको जरूरत है

1. कागज के स्क्वायर शीट
2. रूलर
3. पेंसिल
4. दिशासूचक यन्त्र
5. रंगीन पेंसिल या पानी के रंग का पेंट

आप क्या करते हैं

1. अपने बच्चे को पेपर पर एक एक्स बनाने के लिए एक शासक का उपयोग कर दो विकर्ण लाइनें बनाने के लिए, कोने से कोने तक सुनिश्चित करें कि इन पेंसिल लाइनें बहुत

अँधेरे नहीं हैं यदि आप उन्हें अन्त में मिटाना चाहते हैं।

2. आगे, उसे पहले एक ऊर्ध्वाधर चित्रण करके कागज पर एक क्रॉस खींचना चाहिए और फिर पेपर के मध्य में एक क्षैतिज रेखा। सभी लाइनें अब पृष्ठ के केन्द्र बिन्दु में मिलनी चाहिए।
3. केन्द्र बिन्दु से एक इंच का उपाय करें और आठ पंक्तियों में से प्रत्येक पर एक प्रकाश चिह्न बनाएँ। फिर उन अंकों से 1.25 इंच मापें और लाइनों पर प्रकाश के निशान का दूसरा सेट करें। अन्त में, पिछले अंक से 1.5 इंच मापें और लाइनों को फिर से चिह्नित करें।
4. ड्राइंग के केन्द्र बिन्दु पर कम्पास की टिप रखें और पहले एक इंच के चिह्न के साथ लाइन बनाएँ। पेपर के केन्द्र में एक सर्कल बनाएँ।
5. दो अन्य अंकों के लिए चरण 4 को दोहराएँ, इसलिए आपके पास पेपर के केन्द्र में तीन केन्द्रित चक्र हैं।
6. अब केन्द्र से शुरू होकर और रंगीन पेंसिल का प्रयोग करके,

आपका बच्चा लाइन के बाद पेडल या आंसू ड्रॉप आकृतियों को आकर्षित कर सकता है और पहले सर्कल में रोक सकता है। उसे लगभग एक ही आकार बनाने के लिए प्रोत्साहित करें।

7. एक बार जब वह एक चक्र पूरा कर लेता है, तो अगले एक पर जाएँ, अधिक फूल या पेडल आकृतियों को जोड़ना। इस चरण के लिए दो अलग-अलग रंगों का उपयोग करते समय यह अच्छा लगता है।
8. केन्द्र से बाहर काम करना जारी रखें, सजावटी आकार जोड़ना। एक बार सभी मंडलियाँ भरेगी, तो आपका बच्चा ध्यानपूर्वक पेंसिल लाइनों को मिटा सकता है
9. यदि वह चाहें, तो आपका बच्चा रंग-रंग और इसके विपरीत के अतिरिक्त बढ़ावा देने के लिए मंडल में जल रंग के पेंट जोड़ सकता है।

17

एक बजट पर दशमलव सीखें

सुनिश्चित नहीं है कि आपके रहने वाले कमरे में कैटलॉग के साथ क्या करना है? यह मनोरंजक और शैक्षिक गणित गतिविधि की कोशिश करें जो कि आपके चौथे ग्रेडर को सिखाना होगा कि दशमलव को कैसे जोड़ना और घटना है।

जिसकी आपको जरूरत है

1. मेल ऑर्डर कैटलॉग
2. पेपर
3. पेंसिल

आप क्या करते हैं

चरण 1—कई मेल ऑर्डर कैटलॉग इकट्ठा करें अपने बच्चे को बताएँ कि वह अपनी पसन्द के कैटलॉग से 'दुकान' जा रहा है उसे बताएँ कि वह चाहे जो आइटम चाहे वह चुन सकता है, जब तक वह अपने बजट के भीतर रहता है आपके मुँह में आपका पैसा लगाने की कोई आवश्यकता नहीं है...सूची में वस्तुओं की लागत के आधार पर उसे $ 50 या $ 100 का एक बहाना बजट दें।

चरण 2—खरीदारी शुरू करो! अपने बच्चे को आइटम के नाम और लागत को लिखने के लिए कहें। प्रत्येक आइटम के लिए दुकानों

के बाद, उसे अनुमान है कि वह अपने बजट में कितना पैसा बचा है उसे 'खरीददारी' करने के लिए प्रोत्साहित करें जब तक कि वह अपनी सीमा तक नहीं पहुच जाए।

चरण 3—अब, अपने बच्चे को अपनी खरीद की लागत बढ़ाएँ, उसे याद दिलाने के लिए अपने अंक और दशमलव को सही तरीके से लिखना। यदि वह अंडर-बजट है, तो उससे पूछें कि उसने कितना छोड़ा है क्या वह अपनी कल्पना सूची में एक और खरीद जोड़ सकता है? यदि वह अधिक बजट है, तो उसे एक आइटम (या आइटम) घटाना जब तक कि वह अपने बजट के भीतर न हो जाए।

इच्छा सूची में आइटम जोड़ना आपके बच्चे को दर्शकों के बारे में उनकी समझ को मजबूत करने के लिए एक सुखद तरीका है। सच है, यह केवल खरीददारी का ढोंग करना है, लेकिन यह सपना करने के लिए मजेदार है!

18

गणित तथ्य परिवार खोजें

गणित तथा परिवार गुणन और विभाजन के लिए समझने के लिए उपयोगी हैं। आप गणित के तथ्यों को एक खेल के साथ और अधिक मजेदार बना सकते हैं! इस गतिविधि में अतिरिक्त प्रेरणा के लिए समय-समय पर अभ्यास भी शामिल है। गणित तथ्य परिवारों की पहचान करते हुए बच्चों को अपने समय को हरा करने का प्रयास करना होगा।

जिसकी आपको जरूरत है

1. कलम
2. पेपर के 20-30 स्ट्रिप्स
3. घड़ी या टाइमर

आप क्या करते हैं

चरण 1—गेम सेट करने के लिए, आप प्रत्येक नम्बर के पेपर पर 4 नम्बर लिखेंगे। 3 एक तथ्य परिवार का हिस्सा होगा, और कोई भी तथ्य परिवार का हिस्सा नहीं होगा। एक तथ्य परिवार 3 संख्या है जो गुणन और विभाजन के माध्यम से जुड़ा हुआ है। उदाहरण के लिए 2, 4, और 8 एक वास्तविक परिवार हैं क्योंकि $2 \times 4 = 8$, $4 \times 2 = 8$, $8 \div 2 = 4$

चरण 2–तथ्य परिवार की अवधारणा को अपने बच्चे को समझाओ और कई उदाहरण दें, जैसे कि 3, 9 और 27। अपने बच्चे को अपने उदाहरण के बीच गुणा और विभाजन सम्बनधों के माध्यम से जाने के लिए कहें।

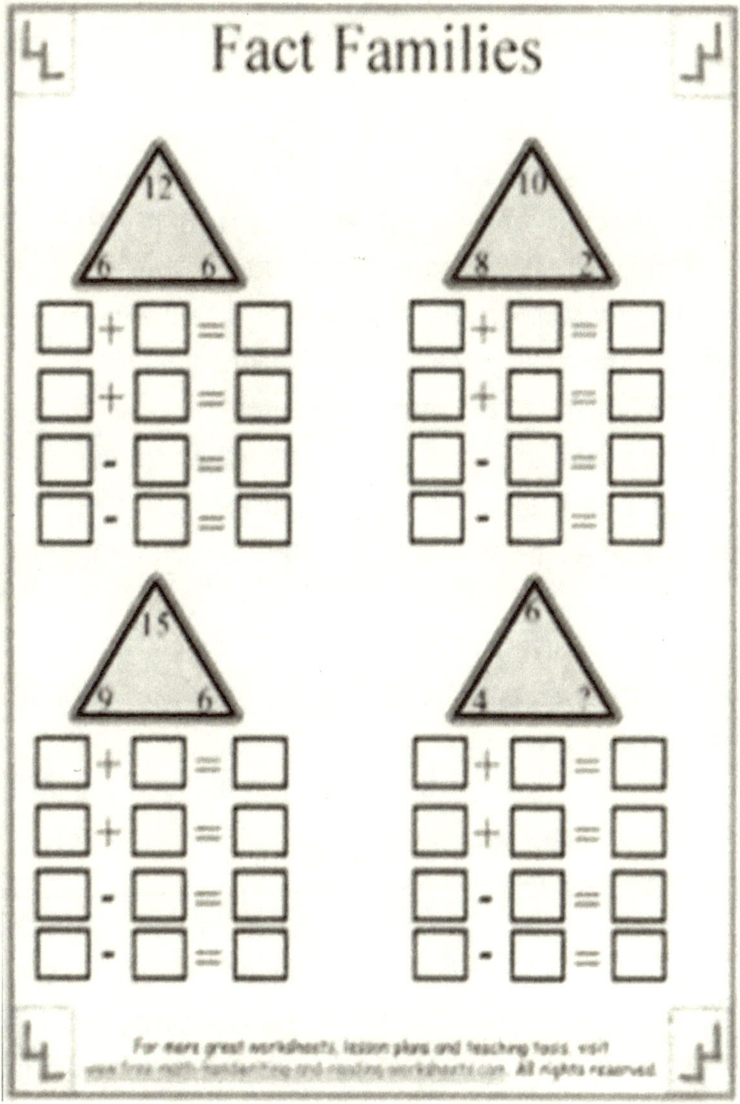

तथ्य परिवार के उदाहरण

2, 3, 6

6, 8, 48

4, 7, 28

5, 8, 40

3, 7, 21

8, 9, 72

चरण 3—अपने बच्चे को बताएँ कि वह उस पर 4 नम्बर वाले कागज की पट्टी का चयन करेगी। 3 नम्बर एक वास्तविक परिवार का हिस्सा होगा और कोई नहीं होगा। उसे आपको यह बताने की जरूरत होगी कि कौन-सा हिस्सा नहीं है और उसके बाद तथ्य संख्या वाले 3 नम्बरों का इस्तेमाल करते हुए गणा या विभाजन समीकरण बनाते हैं। उसे चार नम्बरों का एक समूह दिया जाएगा, तीन जो कि एक वास्तविक परिवार और एक है जो सम्बन्धित नहीं है। वह वही संख्या की पहचान करनी चाहिए जो सम्बन्धित नहीं होती है और फिर तथ्य परिवार में संख्याओं का उपयोग करके एक विभाजन तथ्य बताती है।

चरण 4—अपने बच्चे को कागज की एक पट्‌टी का चयन करके और उस संख्या की पहचान करने की कोशिश करना शुरू करें जो कि सम्बन्धित नहीं है।

चरण 5—एक बार उसने अभ्यास के लिए एक किया है, 2 मिनट के लिए एक टाइमर सेट करें और उससे कहें कि वह 2 मिनट में जितना हो सकेगा।

चरण 6—2 मिनट बीत जाने के बाद, वह पूर्ण स्ट्रिप्स की संख्या की गणना करें अब आप उसे चुनौती देने के लिए उसे रिकॉर्ड मारने का प्रयास कर सकते हैं और इस बार 2 मिनट में और अधिक स्ट्रिप्स भी पूरा कर सकते हैं। अपने बच्चे को उसके रिकॉर्ड को हरा करने के लिए

चुनौती दें। कई राउंड खेलें और देखें कि क्या वह सुधार कर सकती है।

कई दिनों बाद खेल पर वापस लौटने के लिए यह जानना फायदेमन्द हो सकता है कि आपका बच्चा एक बेहतर समय प्राप्त कर सकता है या नहीं। इस खेल का दूसरा संस्करण किसी और के खिलाफ प्रतिस्पर्धा करना है एक ही समय में दो लोगों को कागज की पट्टी दिखाएँ, और उस नम्बर को कॉल करने वाले पहले व्यक्ति, जो कि परिवार का हिस्सा नहीं है, उस पट्टी को जीतता है और एक बिन्दु कमाता है। खेल के अन्त में सबसे अधिक अंक वाले व्यक्ति जीतता है।

19
ज्यामितीय आकृतियाँ एवं माप

अभिस्वीकृति

यह खुशी और विशेषाधिकार का विषय है, जो उन सभी लोगों के लिए मेरी गहरा आभार मानते हैं जिन्होंने मुझे इस परियोजना को मापन पर पूरा करने में मदद की। मेरे माता-पिता के समर्थन के बिना यह कभी सम्भव नहीं होगा। मैं अपने विद्यालय के लिए आभारी हूँ ताकि मुझे मेरी इच्छा और मेरे शिक्षकों के अनुसार पुस्तकालय और इंटरनेट की सुविधा के लिए शैक्षिक मार्गदर्शन और सहायता के लिए इस्तेमाल करने की अनुमति मिल सके।

परिचय

मानकीकरण गणित की एक शाखा है जो सतह के क्षेत्र और ठोस आंकड़े और विमान के आँकड़ों के क्षेत्र के साथ सम्बन्धित है। जब भी हम देखते हैं, आमतौर पर हम ठोस पदार्थ देखते हैं आंकड़े जो हमारी नोटबुक या ब्लैकबोर्ड के लिए तैयार किए जा सकते हैं उन्हें हवाई जहाज के आंकड़े कहते हैं उदाहरण के लिए। आयताकार, चौराहों, हलकों आदि। अगर हम इन आकार के कई आकारों को कार्ड बोर्ड शीट से एक ही आकार और आकार में कटौती करते हैं और ऊर्ध्वाधर ढेर में उन्हें ढेर कर देते हैं। इसके द्वारा हम कुछ विमान

आंकड़े जैसे क्यूबाइड, सिलेंडर, क्यूब आदि प्राप्त करते हैं। मानसियत में हमें सतह के क्षेत्र और ठोस आंकड़ों की मात्रा के बारे में पता चला।

ठोस

शरीर में रहने वाले स्थान को ठोस कहा जाता है ठोस आकृतियाँ विभिन्न आकृतियों में होती हैं जैसे कि घनक, एक धन, एक सिलेंडर, एक शंकु, एक क्षेत्र आदि।

ठोस की मात्रा

एक ठोस शरीर पर कब्जा कर लिया स्थान को इसकी मात्रा कहा जाता है।

क्षेत्र और वॉल्यूम की माप

लम्बाई

1 सेंटीमीटर = 10 मिलीमीटर

1 डेसीमीटर (डीएम) = 10 सेंटीमीटर

1 मीटर (मी) = डीएम

= 100 सेमी

= 1000 मिमी

1 हेक्टेमीटर (एचएम) = 10 बाँध = 100 मीटर

1 किलोमीटर (किमी) = 1000 मीटर = 100 बाँध = 10 घंटे

1 मैनामेटर = 10 किलोमीटर

क्षेत्र

1 सेमी^{2} = 1 सेमी × 1 सेमी = 10 मिमी × 10 मिमी = 100 मिमी^{2}

1 डीएम^2 = 1 डीएम × 1 डीएम = 10 सेमी × 10 सेमी = 100 सेमी^{2}

1 मी^{2} = 1 मीटर × 1 m = 10 डीएम × 10 डीएम = 100 डीएम^2

1 dam^2 = 1 dam × 1 dam = 10 मीटर × 10 मीटर = 100 मीटर^2

1 एचएम^2 = 1 हेक्टेयर = 1 एचएम × 1 एचएम = 100 एमएक्स 100 एम = 10,000 एम^2 = 100 डीएम^2

1 किमी^{2} = 1 किमी × 1 किमी = 10 एचएम × 10 एचएम = 100 एचएम^2 या 100 हेक्टेयर

आयतन

1 cm^3 = 1 ml = 1 सेमी मैक्स 1 सेमी × 1 सेमी = 10 मिमी × 10 मिमी × 10 मिमी = 1000 मिमी

1 लीटर = 1000 मिलीग्राम = 1000 सेंमी

1 m^3 = 1 m × 1 m × 1 m = 100 cm × 100 cm × 100 cm = $(10^3)^2$ सेमी = 1000 लीटर = 1

किलोमीटर

1 डीएम^3 = 1000 m^3

1 m^3 = 1000 dm^3 मी

1 किमी = (10^3) ^{3} मी

चेहरे के

एक आकृति और ऑब्जेक्ट की सतहें उसके चेहरे के रूप में जाने जाते हैं।

किनारों

एक क्यूबोइड के किसी भी दो आसन्न चेहरे लाइन खंड में मिलते हैं, जो क्यूबएड के किनारे होते हैं।

शिखर

किसी भी दो किनारों के लिए जो एक अन्त बिन्दु पर मिलते हैं, वहाँ एक तिहाई बढ़त है, जो कि उन अन्त बिन्दु पर भी मिलती है क्यूबाइड के तीन डिग्री के चौराहे के इस बिन्दु को क्यूबाइड का शिखर कहा जाता है।

बेस और पार्श्व चेहरे

किसी क्यूबाइड के किसी भी चेहरे को क्यूबाइड का आधार कहा जा सकता है। उस स्थिति में, आधार को पूरा करने वाले चार इक्कों को क्यूबाइड के पार्श्व चेहरे कहा जाता है।

ठोस क्यूबाइड

एक ठोस क्यूबाइड या क्यूब्एकायल क्षेत्र, जो क्यूबाइड के आकार से घिरा हुआ है।

ठोस घन

एक घन क्यूब के आकार के चेहरे से संलग्न स्थान का हिस्सा है।

एक्सिस

2 ठिकानों के केन्द्रों में शामिल होने वाले रेखा सेगमेंट को सिलेंडर के अक्ष कहा जाता है।

घनाय

क्यूबोइड का भूतल क्षेत्र

चेहरा एबीसीडी का क्षेत्रफल = चेहरे का क्षेत्रफल ईएफसीडी = (एलएक्सबी) सेमी^{2}

चेहरा एईएचडी का क्षेत्रफल = चेहरे का क्षेत्र बीईएफसी = (बीएक्सएच) सेमी 2 है

face ABFE का क्षेत्रफल = चेहरे का क्षेत्र DHGC = $(l \times h)\ cm^2$

क्यूबाइड की कुल सतह क्षेत्र

= क्यूबाइड के क्षेत्र का योग

= 2 (एल × बी) +2 (बी × एच) +2 (एल+एच) सेमी^{2}

= 2 (एलएक्सबी)+(बी × एच)+(एलएक्सएच) सेमी^{2}

= 2 (एलबी+बीएच+एलएच) सेमी 2

= 2 (लम्बाई × चौड़ाई + चौड़ाई × ऊँचाई + ऊँचाई × लम्बाई)

क्यूबोइड के पार्श्व सतह क्षेत्र

= चेहरे का क्षेत्र AEHD+चेहरे का क्षेत्र BGC+

चेहरे का क्षेत्र ABEF+चेहरे का क्षेत्र DHGC

= 2 (बी × एच) +2 (एल × एच)

= 2 (एल+बी) एक्स एच

आधार × (ऊँचाई की परिधि

क्यूबाइड का विकर्ण

= रूट एल^2+बी^{2}+एच^2

क्यूबाइड के सभी 12 किनारों की लम्बाई

= 4 (एल+बी+ज)

क्यूबाइड का आयतन

= आयताकार शीट एक्स एच का क्षेत्रफल

= (एलएक्स बी) एक्स एच

= बेस × ऊँचाई का क्षेत्रफल

= लम्बाई × चौड़ाई × ऊँचाई

घन

क्यूब के भूतल क्षेत्र

= 2 (एल एक्स एल+एल एक्स एल+एल एक्स एल)

= 2 × 3 एल^2

= 61^2

6 (धार)^2

धन के पार्श्व सतह क्षेत्र

= 2 (एल × एल + एल × एल)

= 2 (एल^2+एल^2)

= 4 एल^2

= 4 (धार)^2

क्यूब के विकर्ण

= रूट 3 एल

घन के सभी 12 पक्षों की लम्बाई

= 12 एल

घन का आयतन

= एल एक्स एल एक्स एल एक्स एल

= 13

सिलेंडर

आधार

प्रत्येक परिपत्र समाप्त होता है जिस पर सिलेंडर का आधार होता है उसे बेस कहा जाता है।

त्रिज्या

परिपत्र आधार के त्रिजया को सिलेंडर के त्रिजया कहा जाता है।

पार्श्व सतह क्षेत्र

2nrh

प्रत्येक आधार सतह क्षेत्र

nr^2

कुल सतह क्षेत्र

2 पीआर (एच+आर)

खोखले सिलेंडर के प्रत्येक आधार सतह क्षेत्र

पी (आर^2—आर^2)

खोखले सिलेंडर की घुमावदार सतह क्षेत्र

2 पी (आर+आर) (एच आर आर-आर) वर्ग इकाइयाँ

एक सही परिपत्र सिलेंडर की मात्रा

= बेस एक्स ऊँचाई का क्षेत्रफल

= चौथा एच

खोखले सिलेंडर में सामग्री का वॉल्यूम (आयतन)

= बाहरी मात्रा—आन्तरिक मात्रा

= चतुर्भुज—चतुराशि

= पीएच (आर^2—आर^2) इकाइयाँ

शंकु

आधार—एक सही परिपत्र शंकु एक विमान का अन्त है, जो परिवत्र आकार में है। इसे शंकु का आधार कहा जाता है

तिरछी ऊँचाई—आधार के परिपत्र किनारे पर किसी भी बिन्दु के शीर्ष पर जुड़ने वाले रेखा सेगमेंट की लम्बाई को तिरछी ऊँचाई कहा जाता है।

शंकु के घुमावदार सतह क्षेत्र

= 1/2 एक्स अयस्क की लम्बाई × त्रिज्या

= 1/2 × 2 पीआर एक्स एल

= nrl

शंकु की कुल सतह क्षेत्र

= घुमावदार सतह क्षेत्र+बेस के क्षेत्रफल

= पीआरएल+पीआर^2

= पीआर (एल+आर)

तिरछी ऊँचाई

$= \sqrt{r^2 + \text{एच}^2}$

शंकु की मात्रा

= 1/3 (पीआर^2) × एच

बेस × ऊँचाई = 1/3 × क्षेत्रफल

ध्यान दें

3 (त्रिज्या के शंकु (आर) और ऊँचाई (एच) = सिलेंडर का वॉल्यूम

त्रिज्या (आर) और ऊँचाई (एच)

स्फीयर

अन्तरिक्ष में सभी भागों का सेट, जो एक निश्चित बिन्दु से समान है, इसे एक क्षेत्र कहा जाता है।

व्यास

एक क्षेत्र के केन्द्र के माध्यम से एक रेखा खंड, और क्षेत्र पर अन्त बिन्दु के साथ क्षेत्र के व्यास कहा जाता है।

क्षेत्र का भूतफल क्षेत्र

4 एपीआर^2 वर्ग इकाइयाँ

गोल की मात्रा

4/3 पीआर क्यूबिक इकाइयाँ

20

हिमस्खा और मृदा शेल

गोलार्थ

गोल के केन्द्र के माध्यम से एक विमान क्षेत्र को दो समान भागों में विभाजित करता है, जिनमें से प्रत्येक को गोलार्ध कहा जाता है।

गोलाकार खोल

दो ठोस सान्द्रित क्षेत्रों के अन्तर को गोलाकार खोल कहा जाता है।

गोलार्ध के घुमावदार सतह क्षेत्र

2 एपीआर^2 वर्ग इकाइयों

गोलार्ध का कुल क्षेत्रफल

= 2पीआर^2 +पीआर^2

= 3nr^{2}sqi इकाइयों

गोलार्ध का आकार

2/3 साल

एक अर्धगोल खोल के कुल सतह क्षेत्र

4 एपीआर^2 वर्ग इकाइयाँ

गोलाकार खोल का आकार

4/3 एपी (आर टी—आर.आ.) क्यूबिक इकाइयाँ

अर्धचालक खोल का आयतन

2/3 एपी (आर टी–आर.आ.) क्यूबिक इकाइयाँ

शंकु के फस्टमम

छिन्नक

यदि एक सही परिपत्र शंकु एक विमान से अपने आधार के समानान्तर काट दिया जाता है, तो काटने के विमान और शंकु के आधार के बीच शंकु के हिस्से को शंकु के हताशा कहा जाता है।

ऊँचाई

एक हताशा की ऊँचाई या मोटाई उसके दो परिपत्र कुर्सियों के बीच सीधी दूरी है।

तिरछी ऊँचाई

एक सही परिपत्र शंकु के एक तुषार की तिरछी ऊँचाई दो परिपत्र कुर्सियों की एक ही दिशा में खींची गई दो समानान्तर त्रिजया के ऊपरी हिस्से में जुड़ने वाले रेखा सेगमेंट की लम्बाई है।

= पी/ 3 (आर 1^2 + आर 2^2 + आर3^2) एच

पार्श्व सतह क्षेत्र

= पी (आर 1+आर 2)

कुल सतह क्षेत्र

पी [(आर 1+आर 2) एल+आर 1^2+आर 2 2]

निराशा की तिरछी ऊँचाई

√एच^2+(आर 1–आर 2)

शंकु की ऊँचाई जिसकी विफलता एक हिस्सा है

एचआर/आर 1–आर 2

शंकु की तिरछी ऊँचाई, जो निराशा का एक हिस्सा है

एल आर 1 / आर 1-आर 2

एच/3 [ए 1 + ए 2 + √ए 1 एक्स ए 2]

जहाँ ए 1 और ए 2 में हताशा के परिपत्र आधार के क्षेत्रों को दर्शाया गया है।

21

समीकरण अंश अनुपलब्ध संख्यात्मक बोर्ड गेम

मेरे 9 वर्षीय बेटे गणित के तथ्यों पर एक फुहार हैं वह चौथे ग्रेड

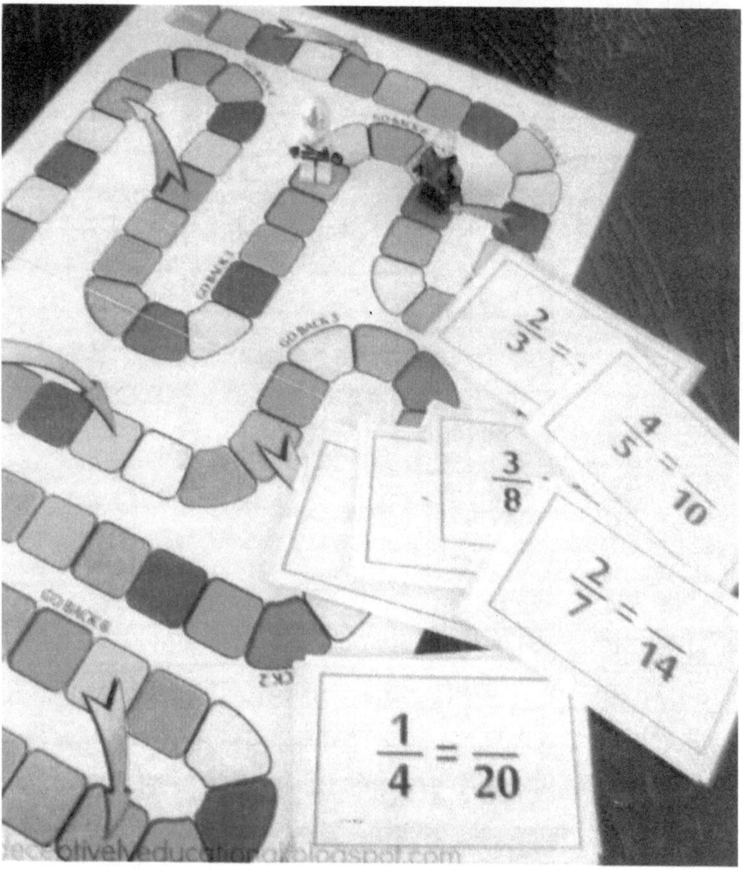

$\frac{2}{3} = \frac{\quad}{15}$	$\frac{4}{5} = \frac{\quad}{10}$
$\frac{1}{5} = \frac{\quad}{15}$	$\frac{3}{4} = \frac{\quad}{12}$
$\frac{1}{2} = \frac{\quad}{6}$	$\frac{1}{3} = \frac{\quad}{15}$
$\frac{3}{8} = \frac{\quad}{16}$	$\frac{1}{4} = \frac{\quad}{8}$

के शुरू होने से पहले ही उन्हें सब नीचे कर दिया था। लेकिन भिन्न कठिन हो सकते हैं मैं बराबर भागों बनाने के लिए एक खेल खेलकर अपने गुणा तथ्य कौशल का परीक्षण करना चाहता था।

खिलाड़ियों के समतुल्य समीकरणों के साथ मुद्रित कार्ड खेलने पर लापता अंश खोजने के द्वारा गेम बोर्ड के आसपास अग्रिम होता है।

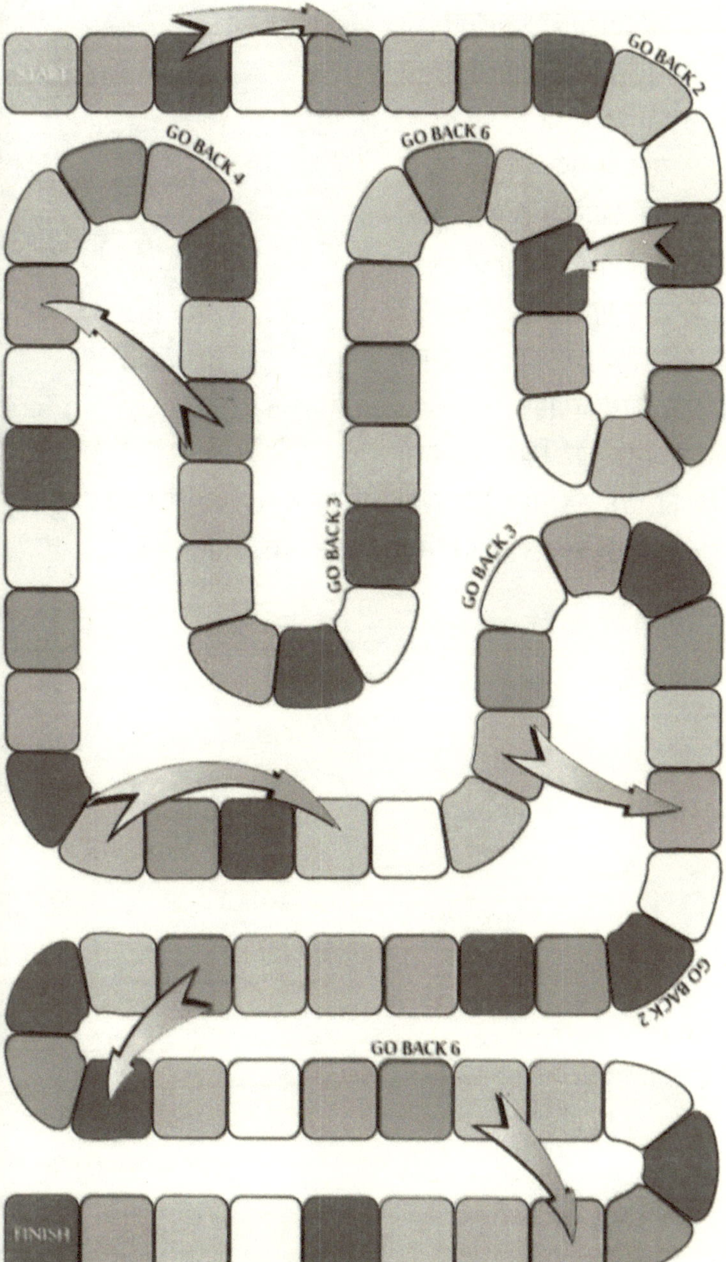
START
GO BACK 2
GO BACK 4
GO BACK 6
GO BACK 3
GO BACK 3
GO BACK 2
GO BACK 6
FINISH
GO BACK 4

लापता अंश खिलाड़ी को स्थानान्तरित करने वाली रिक्त स्थान की संख्या है।

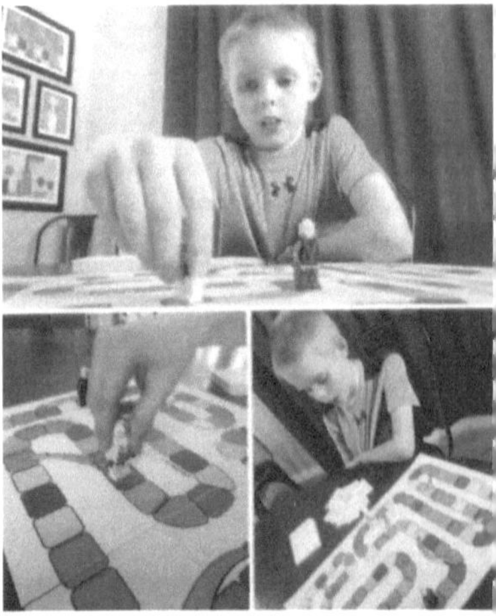

यदि वे रोकें (यानी उनकी गिनती में आखिरी जगह) जाएँ, तो उन्हें वापस जाएँ निर्देशों के साथ, उन्हें शुरुआती और बढ़ने की संख्या की संख्या को ध्यान में रखा जाना चाहिए।

अगर कोई खिलाड़ी किसी तीर का बैक-एंड वाले स्थान पर रोकता है, तो वह तीर का अनुसरण कर सकते हैं और बोर्ड पर रिक्त स्थान छोड़ सकते हैं।

22

पासा फैंको गेम

एक पूरे नए तरीके से जोड़ने का अभ्यास। आरम्भ करने के लिए आपको पाँच पासा, पेपर और एक पेंसिल की आवश्यकता होगी। उन पासा को हिलाएँ और बड़ी संख्या में रोल करने का प्रयास करें। तब उन्हें जोड़ें और अपनी उंगलियों को पार करें यदि आपकी राशि दूसरे खिलाड़ियों की रकम से अधिक है, तो आप जीत सकते हैं। अपने बच्चे को पहले की प्रक्रिया के माध्यम से मार्गदर्शन करें, और धीरे-धीरे उसे खेल का स्वामित्व लेना चाहिए। आप अपने विश्वास को बिना किसी समय में सुधार के साथ देखेंगे।

जिसकी आपको जरूरत है

1. 6 पासा
2. कई खिलाड़ी
3. कागज
4. पेंसिल

आप क्या करते हो

1. तय करें कि कौन पहले जाएगा पहले खिलाड़ी को सभी 6 पासा रोल करना चाहिए। प्रत्येक खिलाड़ी को अपने रोल से कुल जोड़ना चाहिए और इसे रिकॉर्ड करना चाहिए।
2. 1 राऊंड से सबसे अधिक योग वाला खिलाड़ी 3 अंक कमाता है। दूसरी सबसे बड़ी राशि वाला खिलाड़ी 2 अंक कमाता है। बाकी खिलाड़ियों को 1 अंक प्राप्त होता है।
3. चलाए 10 राऊंड के लिए जारी है या एक समय सीमा पर फैसला।
4. खेल समाप्त होने के बाद खिलाड़ियों को अपने स्कोर जोड़ना होगा।
5. सबसे अधिक राशि वाला खिलाड़ी जीतता है।

23

जोखिम भरा मैथ

इसके अलावा यह बहुत ही खतरनाक अति प्रतिस्पर्धात्मक कार्ड गेम के साथ मजेदार नहीं रहा है। खिलाड़ी फेस कार्ड के नीचे 10 कार्ड के केन्द्र सर्कल के एक या दो कार्ड चुनते हैं, और उन्हें अपने स्कोर पत्रक पर जोड़ते हैं। हालांकि सावधान रहें, जो कि सर्कल में आखिरी कार्ड को चुनता है उसे उसके अंक में 25 अंक जोड़ना होगा। सबसे कम स्कोर के साथ समाप्त होने वाला खिलाड़ी विजेता है।

जिसकी आपको जरूरत है

1. ताश के पत्तों की डेक
2. स्क्रैच पेपर एक शीट प्रति खिलाड़ी
3. पेंसिल, एक प्रति खिलाड़ी

आप क्या करते हो

1. टेबल केन्द्र पर एक मंडल में, एक खिलाड़ी डेक को फेरता है और 10 कार्ड का सामना करता है।
2. खिलाड़ियों को बिन्दु प्रणाली की घोषणा करे इस गेम के जैक = 11, क्वीन = 12, राजा = 13 और इक्के = 1 के प्रयोजनों के लिए 1 खिलाड़ी के पास एक या दो कार्ड चुनने का विकल्प होता है।

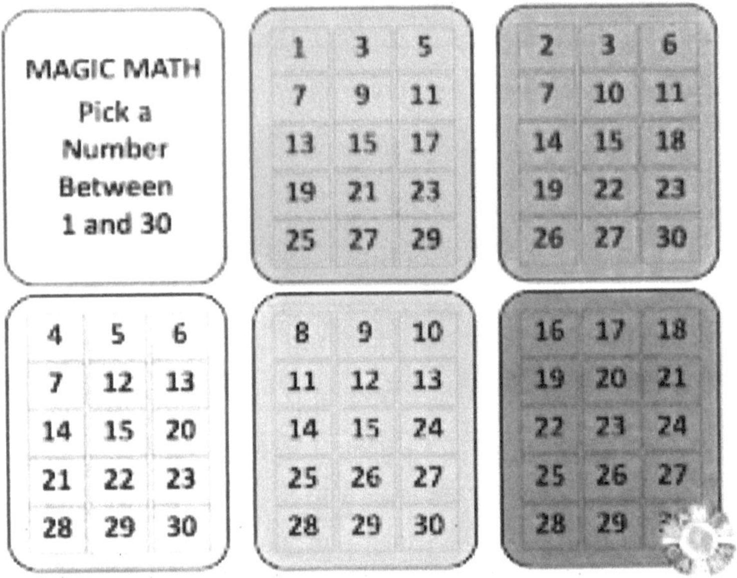

3. कार्ड के केन्द्र सर्कल में से एक या दो कार्ड चुनने के लिए एक समय में एक खिलाड़ी से पूछें। आप दो क्यों नहीं लेंगे? अच्छा...यदि कोई खिलाड़ी 7 या एक जैक खींचता है तो उसे क्रमशः 7 या 11 अपने स्कोर से घटाना होगा।
4. खिलाड़ियों को अपने स्कोर लिखना चाहिए, या तो एक कार्ड की राशि (सकारात्मक या नकारात्मक), या स्क्रैच पेपर पर दो कार्डों का योग या अन्तर।
5. जिस समूह में अन्तिम कार्ड चुनते हैं उसके खिलाड़ी को उसके अंक में 25 अंक जोड़ना होगा।
6. एक और 10 कार्डों को डील करें और गेम को और 10 राउंड के लिए रखें।
7. जो भी कम स्कोर जीतता है।
8. विविधता—संख्याओं को गुणा करें और सर्वोच्च स्कोर वाला खिलाड़ी विजेता है।

24

व्यापार केन्द्र

इस रोमांचक खेल को खेलने के दौरान अपने बच्चे को दशमांश सीखने में मदद करें। इसका उद्देश्य सबसे बड़ी संख्या है जिसे आप सम्भवतः कर सकते हैं! आपका बच्चा अपने प्रतिद्वन्द्वी को हरा करने की करता है, क्योंकि वह दसवीं और सौवां के बीच अन्तर को जल्दी से सीख लेगा चूंकि आप सैट्स के साथ दशमलव स्नान के बाद संख्याओं को समेकित करेंगे, इसलिए यह गेम पैसे का प्रबन्धन करने में मदद करने का एक बढ़िया तरीका है।

जिसकी आपको जरूरत है

1. कागज
2. पेंसिल
3. कार्ड का डेक (चेहरा कार्ड, दसियां और जोकर निकाले)

आप क्या करते हो!

1. प्रत्येक खिलाड़ी को कागज के क्षैतिज शीट पर अपना स्कोर कार्ड बनाना चाहिए। कागज को 5 कॉलम में विभाजित करें, तीसरे स्तम्भ के बाद एक दशमलव बिन्दु के साथ। प्रत्येक स्तम्भ के शीर्ष पर बाएँ से दाएँ निम्न क्रम लिखिए—सैकड़ों दासियाँ, पुरुष (दशमलव बिन्दु) दसवीं, सौवां।

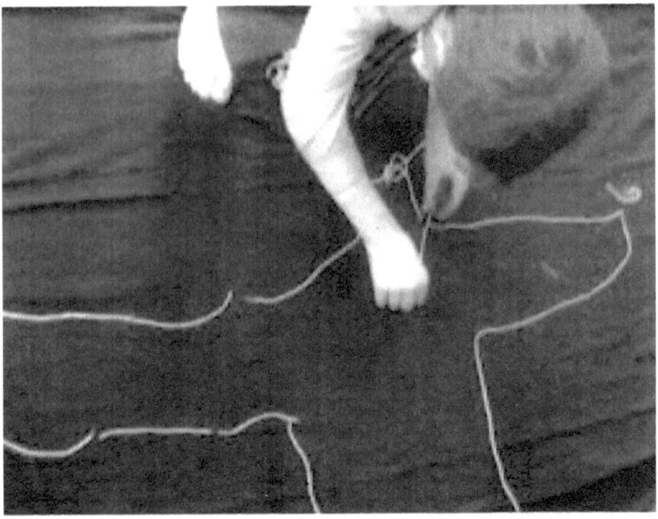

2. अपने बच्चे को डेक फेर लेना और प्रत्येक खिलाड़ी को 5 कार्ड सौंपे, जिससे उन्हें चेहरे का सामना करना पड़े।
3. जब आप कहते हैं, जाओ खिलाड़ियों ने अपने कार्ड को फ्लिप कर दिया और सम्भवतः सबसे बड़ नम्बर बनाने के लिए उन्हें व्यवस्थित किया।
4. समाप्त होने पर खिलाड़ियों को कार्ड की तुलना करना चाहिए। जिस खिलाड़ी का सबसे बड़ा नम्बर है। वह एक बिन्दु जीता है। यदि परिणाम समान है, तो प्रत्येक खिलाड़ी एक बिन्दु प्राप्त करता है।
5. क्या खिलाड़ियों ने अपने नम्बर को स्थान के मूल्य की चटाई पर रिकार्ड किया है।
6. जो भी पाँचवें दौर जीत के बाद सर्वोच्च स्कोर है।
7. विविधताएँ! गेम फिर से खेलें इस बार, दो खिलाड़ी सम्भवतः सबसे कम संख्या बनाने की कोशिश करते हैं।

सहायक सुझाव—छोटे खिलाड़ियों के लिए, स्थान के मान चटाई से दशमलव बिन्दु को हटा दें।

25

दशमलव अभ्यास के लिए खरीददारी

अपने पाँचवें ग्रेडर को गणित का मामला बनने का एक तरीका खोज रहे हैं? यहाँ एक ऐसी गतिविधि है जो आपके बच्चे के ध्यान से पीठ से स्कूल खरीददारी की होड़ के साथ मिल जाएगी। कैच? उसे जोड़ने, घटाए, गुणा करने और एक नए अलमारी के लिए अपना रास्ता विभाजित करने के लिए दशमलव कौशल का उपयोग करना होगा। यह गतिविधि आसानी से रेस्तराँ ले आउट मेनू किराने का कूपन या किसी भी प्रकार का कैटलाग के साथ प्रतिवर्ष बदल सकती है, जो वर्ष भर की गणित अभ्यास को जोड़ देगा।

जिसकी आपको जरूरत है

1. आपके बच्चे की पसन्दीदा कपड़े सूची
2. पेंसिल
3. कागज

आप क्या करते हो!

1. अपने बच्चे के साथ कैटलाग के माध्यम से पढ़ें उन वस्तुओं को इंगित करे जिनके बारे में आप जानते हैं कि आपका बच्चा बिक्री पर होने वाली चीजों के बारे में उत्साह का निर्माण करेगा।

2. अपने बच्चे को बताएँ कि वह इस वर्ष अपने कपड़े की खरीददारी कर सकता है, लेकिन केवल अगर वह एक निश्चित बजट में रहता है? उसे वह संख्या दीजिए जो अपने वजट की सीमा का प्रतिनिधित्व करती है। और उसे कैलकुटाइन प्राप्त करने के लिए कहे। स्कूल के बजट में उसका सबसे अधिक लाभ लेने के लिए उसे अतिरिक्त, घटाव, गुणा, विभाजन और स्थान मूल्य पर ध्यान देना चाहिए।
3. इसके अलावा उन चीजों को जोड़ने के लिए जो वह खरीदने पर विचार कर रहे हैं, आपके बच्चे को कुल लागत का सही ढंग से सही मूल्यांकन करने के लिए सभी दशमलव अंकों को खड़ा करना चाहिए। उदाहरण के लिए 29, 99 45.00+65 14.995 89.98।
4. घटाए वजट में अब तक कितना पैसा बचा है, यह जानने के लिए, आपके बच्चे को वह घटा देना होगा जो उसने पहले से ही कुल बजट से खर्च करने की योजना बनाई है। इसके अतिरिक्त, उसे पहले वजन समस्या को सुलझाने से पहले दशमलव अंकों को ऊपर लेना चाहिए। उदाहरण बोलिए 100.00 589.98 10.02
5. गुणन क्या आपका बच्चा एक ही मद से अधिक प्राप्त करना

चाहता है? आपके बच्चे को दशमलव की समस्याओं के साथ गुणा करना चाहिए उसी तरह से है कि वह सामान्य रूप से गुणा समस्याओं को हल करने के लिए कई स्थानों पर दशमलव बिन्दु को अपने उत्तर में ले जाने के लिए याद रखना चाहिए। उदाहरण के लिए : 14.99 × 3844.97।

6. प्रमाण यदि आप अपने बच्चे को वापस से स्कूल बजट के हिस्से में चिप करना चाहते हैं, या आप इसे माता-पिता या अन्य के बीच विभाजित कर रहे हैं, तो आपके बच्चे को विभाजन का उपयोग करना होगा। दशमलव के साथ डिवीजन के लिए बस आपके बच्चे को अपने अंक में दशमलव बिन्दु को सीधे लाभांश (दशमलव विभाजित) में दशमलव बिन्दु के ऊपर शामिल करने की आवश्यकता होती है।

7. एक बार जब आपका बच्चा इन क्षमताओं में दशमलव के साथ काम कर रहा है, तो पैसों के सन्दर्भ से आगे बढ़कर अभ्यास का विस्तार करे और अब उन समस्याओं को हल करना जो सौवाँ स्थान मूल्य से परे है। हर प्रतिशत मायने रखता है।

26

एक कद्दू मैथ बुक करें

जिसकी आपको जरूरत है

1. तार
2. फीता
3. कैंची
4. ऊन बेचने वाला
5. पानी से भरे बड़े काँच का कटोरा
6. मार्कर या रंगीन पेंसिल
7. स्केल
8. छोटे हाथ से आयोजित कद्दू अपने बच्चे को ले जा सकता है
9. मुदिता कद्दू मठ पुस्तक

आप क्या करते हो!

1. कद्दू मठ के दोनों पृष्ठों को प्रिंट करें और बिन्दीदार रेखाओं के साथ सावधानी से कट करें। आठ पृष्ठ कद्दू मठ बुक की व्यवस्था करें और स्टेपल करें।
2. कवर रंग
3. अपने कद्दू और रिकॉर्ड वजन। लेबल (पाउंड, किलोग्राम

आदि) के बारे में सुनिश्चित करें।

4. स्ट्रिंग के साथ अपनी कद्दू की परिधि को माप और पुस्तक में टेप करें।
5. अपने कद्दू की बनावट का वर्णन करने वाले शब्दों को मंडल करे अपने स्वयं के वर्णन शब्दों को जोड़े।
6. क्या आपकी कद्दू फ्लोट करेगा या नहीं, इसके बारे में भविष्यवाणी करें पानी के साथ कटोरे में अपनी कद्दू का परीक्षण करें परिणम रिकॉर्ड करें।
7. कद्दू पैटर्न को पूरा करें।
8. अपनी कद्दू पर धारियों की गणना करें ध्यान रखें कि आपने कहा शुरू किया।
9. अपनी कद्दू पर स्कैच करें एक मूर्ख या डरावना चेहरा जोड़ें।

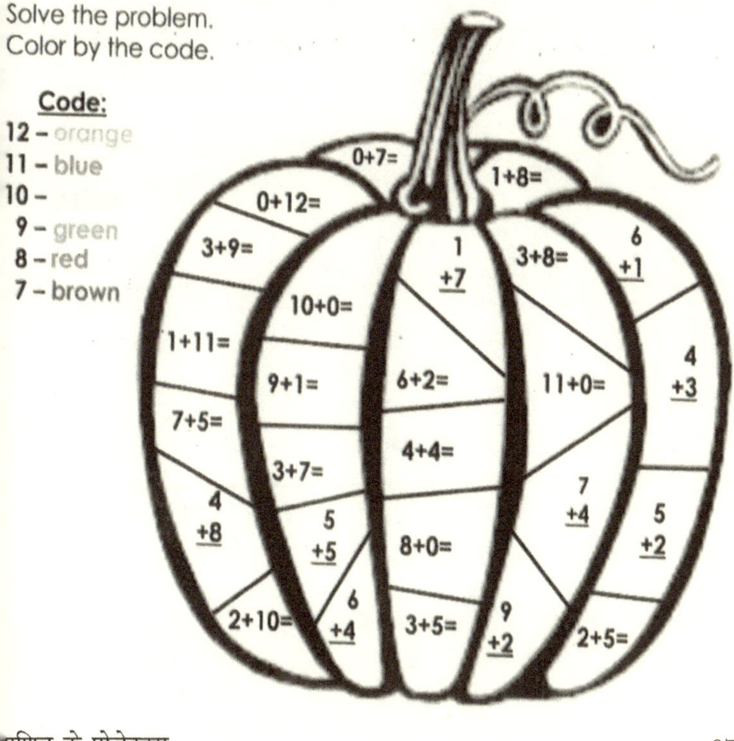

10. एक भाई, अभिभावक या मित्र के साथ अपनी कद्दू मठ बुक साझा करें।
11. गणित की गतिविधियों की यह श्रेणी आपके बच्चे को महत्वपूर्ण सोच, तार्किक, तर्क, अवलोकन और हेलोबीन के बारे में उत्तेजना की चिंगारी के साथ मदद करेगी।

27

मापने के खेल खेलें

कागज की शीट के नीचे से नीचे की ओर जाने वाली चोटी के लिए कितनी तेजी से लेता है? अपने बच्चे को पता चल जाएगा कि वह किसी शासक का उपयोग कर मापने के बारे में क्या सीखता है। चूंकि चुनौती चालू होती है, वह माप की जटिलताओं का पूरी तरह से आनन्द लेने के लिए और अधिक कठिन चोटी पथ और मेज भी बना सकता है।

जिसकी आपको जरूरत है

1. फेस कार्ड (जैक, क्वीन और किंग्स) के साथ कार्डों का डेक हटाया गया
2. मीट्रिक शासक
3. पेंसिल
4. श्वेत पत्र की 2 शीट
5. कैंची
6. मार्कर
7. पैसे

आप क्या करते हो!

1. अपने बच्चों को श्वेत पत्र पर एक पैसा लगाने का पता

लगाए, सर्कल को काट लें और कटआउट सर्कल पर एक चोटी बनाएँ।

2. मेज पर डेक चेहरे को घसीटना और जगह दे।
3. क्या उसे श्वेत पत्र की शीट के तल पर अपनी चोटी रखनी है जो लंबवत स्थिति में स्थित है।
4. उसे पहले कार्ड खींचने के लिए प्रोत्साहित करें। क्या उसे पृष्ठ की सीधी रेखा में अपनी चोटी से दूरी को मापना है। दोनों बिन्दुओं को एक बिन्दु के अन्त तक और एक पेंसिल डॉट के साथ रेखा के अन्त में चिह्नित करना (उदाहरण : यदि वह इकाई खींचता है, तो वह एक 5 सेंटीमीटर लम्बी पंक्ति को मापता है और रेखा के अन्त में एक डॉट ड्रा करता है।
5. क्या उसे सेंटीमीटर की संख्या लिखनी है, जिसकी चोटी खींची गई रेखा के आगे यात्रा करती है।
6. चोटी को ऊपर की ओर ले जाएं और उसे डॉट पर रोक दें।
7. कार्ड खींचना जारी रखें और जब तक चोटी पृष्ठ के शीर्ष

तक पहुँच न जाए, तब तक मापें।

8. विविधता! अपने बच्चे को एक चोटी पथ, या भूलभूलैया को मापने के लिए अनुमति देकर सार पंक्ति रेखाचित्र बनाएँ। एक पूर्ण चींटी पथ को पूरा करने के लिए कितने सेंटीमीटर माप और रेखाएँ होती हैं।

28

पिज्जा फ्रेक्शंस

अंश समझने के लिए मुश्किल है। यह कैसे है कि 1/21 से बड़ा है जब 3 एक 2 से बड़ा है? एक बार जब आप अंश समझते हैं, तो यह समझ में आता है। तब तक? यह एक बड़ा रहस्य है अपने बच्चे को काम पर आंशिक रूप से देखने में मदद करे, क्योंकि वह पिज्जा के स्लाइस को उबालने का दिखावा करती है पिज्जा गेम बोर्ड को समय से पहले बनाएँ, और अपने बच्चे को पूरे नए तरीके से मिन्नी को देखें।

जिसकी आपको जरूरत है

1. कागज की कई शीट
2. निशान
3. रंगीन पेंसिल
4. कैंची
5. कटोरा

आप क्या करते हो!

1. 10 मंडलों के साथ एक गेम बनाएं, जो पिज्जा के रूप में काम करेंगे। सरल टॉपिग के साथ उन्हें सजाने छोटे त्रिकोण और मंडलियाँ अच्छी तरह से काम करती हैं।
2. इन पिज्जा को अंशों से विभाजित करें एक पिज्जा शामिल

करें जो आधा में कट जाता है, दो जो तिहाई में कट जाता है, तीन क्वार्टरों में कट जाता है और पाँचवें में चार कट जाता है।

3. 10 स्लाइड्स में पेपर का एक टुकड़ा कट करें हर एक पर निम्नलिखित भिन्न अंशों में से एक 1/2, 1/3, 2/3, 1/4, 2/4, 3/4, 1/5, 2/5, या 4/5 स्लिप्स को आधा में मोड़ों और उन्हें कटोरे में डाल दें।
4. अपने बच्चे को कटोरे से कागज की एक पर्ची खींचें। अगर यह 1/4 कहते हैं, तो उसे चार रंगों में से भरें रंग खाने के लिए मिलता है। क्या वह जानती है कि किस पिज्जा को क्वार्टरों में काटा जाता है। उसे दिखाएँ कि, 4, जिसे हर चीज कहा जाता है, पिज्जा में टुकड़ों की कुल संख्या का पता चलता है। अंश के शीर्ष पर संख्या, अंश, वह खाने वाली चीजों की संख्या को दर्शाता है। चार टुकड़ों में कटौती की पिज्जा के। टुकड़ा में उसका रंग है।
5. उसे कागज की दूसरी पर्ची खींचता है। क्या वह आपको इस पिज्जा के टुकड़ों की कुल संख्या बता सकती है? क्या वह आपको बता सकती है कि वह कितनी खाती है? उसे स्लाइस में सही पिज्जा और रंग ढूँढ़ने में मदद करें।

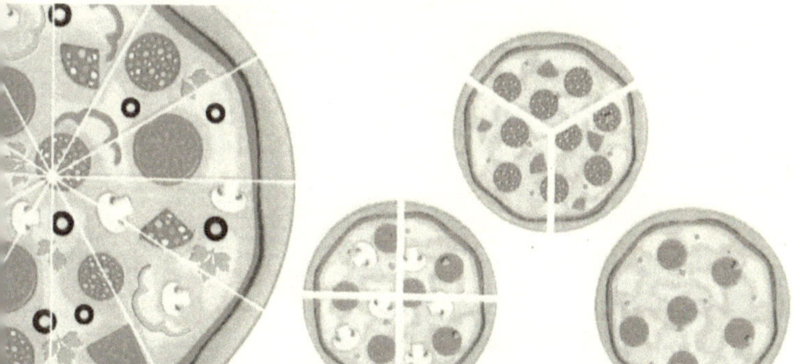

6. दोहराएँ जब तक कि कागज की सभी स्लिप्स का उपयोग नहीं किया जाता है।
7. अतिरिक्त गेम शीट्स बनाकर इस गेम को विस्तृत करें। बस यह सुनिश्चित करें कि भोजन मद एक आसानी से विभाजित आकार है जैसे एक वृत्त (पिज्जा, पाई, केक) या एक वर्ग (सैंडविच या ब्राऊनी) जब तक वह आत्मविश्वास के साथ 2/3 या 3/5 तक गुनहगार न हो, तब तक कोशिश करें और पुनः प्रयास करें।

29

कैडी मकई घटाव

शरद ऋतु, सुन्दर पत्तियाँ, फसल का समय, और एक लोकप्रिय गिरने मिठाई-कैडी मकई लाता है। यह गतिविधि पूरी तरह से अपने घटाव कौशल के साथ अपने बच्चे की मदद करने के लिए उपयुक्त है। अपने बच्चे को सकूल में सीखने वाले कुछ घटाव तथ्यों को तैयार करे, कुछ पेपर कैडी मकई काट लें और कुछ घटाव का मजा लें। इस गतिविधि के साथ आप एक छोटे गणित शब्दावली में भी छिड़क कर सकते हैं जैसे मिनेट उप-थ्रू और अन्तर।

जिसकी आपको जरूरत है

1. आरेंज, पीला और सफेद निर्माण पेपर
2. कैंडी मकई टेम्पलेट (त्रिभुज को 3 भागों में विभाजित करके अपना खुद बनाएँ)
3. कैंची
4. पेंसिल
5. हैनीपुलेखि के रूप में उपयोग करने के लिए कैंडी मकई का थैला

आप क्या करते हो!

1. एक कैंडी कॉर्न टेम्पलेट बनाएं फिर, अपने बच्चे को इसे काट लें।
2. अपने बच्चे को टुकड़ों को रंगीन निर्माण के पेपर पर ट्रेस करे जैसा कि निर्देशित है उसे प्रत्येक कैंडी मकई घटाव के तथ्य के लिए एक पीले, नारंगी और सफेद टुकड़ा काटा।
3. ऐसे कुछ घटाना तथ्यों के बारे में सोचे जिन पर आपके बच्चे को काम करने की आवश्यकता होती है आप देख सकते हैं कि आपका बच्चा वर्तमान में क्या सीख रहा है, यह जानने के लिए आप स्कूल से उनके कुछ गणित होमवर्क की जाँच कर सकते हैं।
4. कैंडी मकई के पीले रंग के हिस्से में कटौती करें, अपने बच्चे को छंटनी या बड़ी मात्रा में लिखना है, जो उससे दूसरे नम्बर नम्बर को घटाया जाएगा। अपने बच्चे के साथ घटाव की समस्या के साथ आओ।
5. नारंगी भाग में, अपने बच्चे को उप-लेख लिखे या घटाए जाने वाली संख्या।
6. सफेद भाग में अन्तर या घटाव की समस्या का जवाब लिखें।

आप अपने बच्चे को इन गणित की शब्दावली शब्दों को रास्ते में सिखा सकते हैं। उदाहरण के लिए, समस्या 11-3=8 में, न्यूनतम स्तर, 3 उपभाग हैं और 8 अन्तर है।

7. एक बार में अपने बच्चे को तीन कैंडी मकई घटाव की समस्याएँ दो टुकड़ों को मिलाएँ नीचे के सफेद टुकड़े सेट करें और समझाएँ कि ये उत्तोलन की समस्याओं के लिए उत्तर या अन्तर है। क्या वह पता कर सकता है कि शीर्ष दो टुकड़े क्या हैं? एक पीला (या मिनयूंड) ऊपर से एक नारंगी टुकड़ा (या उपभाग) पर जाता है और एक सफेद टुकड़ा या अन्तर में समाप्त होता है उसे कुछ असली कैंडी का मकई उसे समस्या का पता लगाने के लिए (menipulatives) के रूप में उपयोग करे।
8. जब खत्म हो जाए, तो घटाव मनाने के लिए कुछ कैंडी मकई खाएँ।

30

शूटिंग हुप्स गुणा

कोई इंकार नहीं करता है कि बार-बार आपके तीसरे ग्रेडर के लिए एक चुनौती हो सकती है एक छोटे से किनेस्टेसिक मिक्स में मिक्स करें और आपका बच्चा स्लैज-डकिंग गुजा करना होगा इससे पहले कि आप इसे जानते हैं। अपने बच्चे को अपने गणित कौशल पर प्रश्नोत्तरी करने के लिए flashcards का प्रयोग करें और हर बार जब वह सही जवाब देता है, उसे एक निःशुल्क शॉट के साथ इनाम दें। एक बार उसे 21 अंक मिलते हैं, तो वह खेल जीत जाता है यह गतिविधि एक तनावपूर्ण वातावरण में अपने गुणा का अभ्यास करने में मदद करने के लिए एक मजेदार तरीका है।

जिसकी आपको जरूरत है

1. सूचकांक कार्ड
2. कलम
3. बास्केट बॉल या छोटी गेंद
4. बास्केट बॉल घेरा या कचरा टोकरी
5. कागज

आप क्या करते हैं!

1. यदि आपके पास गुणा फ्लैश कार्ड का कोई सेट नहीं है, तो

गुणात्मक तथ्य लिखें कि आपके बच्चे को इंडेक्स कार्ड के सेट पर अभ्यास करना होगा और जवाब वापस पीठ पर लिखना होगा।

2. हुप्स के लिए सिर। यदि आप पास एक बास्केट बॉल कोई नहीं करते हैं तो कूड़ा के रूप में खाती कचरा टोकरी का उपयोग करें, और टोकरी में टॉस करने के लिए एक छोटी-सी गोंद ले यदि आपका बच्चा एक खेल प्रशंसक है, तो उसे अपनी पसन्दीदा टीम जर्सी पहनने के लिए प्रोत्साहित करें।
3. अब आप खेलने के लिए तैयार हैं। एक फ्लेश कार्ड को पकड़ो और अपना बच्चा आपको जवाब दो। यदि वह सही अनुमान लगाता है, तो उसे एक बिन्दु दें फिर उसे गेंद फेंक दिया और उसे एक शॉट बना दिया। यदि गेंद इसे घेरा में बना देता है, उसे एक और बिन्दु दें और कागज के शीट पर अपने अंक का ट्रैक रखे।
4. यदि वह सही जवाब नहीं जानता है, तो उसे दिखाएँ कि वह

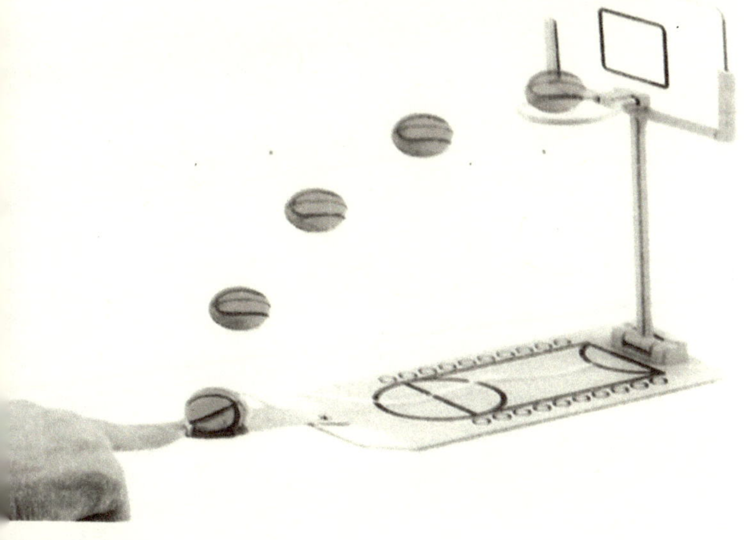

क्या है कार्ड को किनारे पर रखी और कुछ और कार्डों के माध्यम से जाना, उस समीकरण में वापस आ जाएं जिसे वह जानता, और उसे फिर से पूछें समीकरणों की ध्यान में रखना सुनिश्चित करें जिससे उन्हें परेशानी हो रही है ताकि अगली बार आप अपनी प्रगति का ट्रैक रखने के लिए उनसे शुरू कर सकें।

5. जब तक वह 21 अंक तक नहीं पहुँचता तब तक फ्लैश कार्ड के माध्यम से जाओ। फिर शुरू करो।
6. खेल में एक और खिलाड़ी को जोड़कर और 21 प्रथम तक कौन देख सकता है। यह देखने के लिए प्रतिस्पर्धा करके पूर्व के ऊपर।

31

एक वास्तुकला मॉडल बनाएँ

आर्किटेस हमारे आसपास आधुनिक दुनिया को डिजाइन करने में मदद करते हैं। एक रोमांचक वास्तुकला अन्वेषण के साथ वापस स्कूल में जाओ आपका बच्चा पुनर्नवीनीत गल्ला और प्लास्टिक उत्पादों से अपने स्वयं के स्कूल को शोध, आकर्षित और निर्माण कर सकता है, सजावट के लिए थोड़ा-सा रंग जोड़ा गया है।

यह क्रियाकलाप आपके बच्चे को गणित कौशल का अभ्यास करने के लिए प्रोत्साहित करेगा जैसे कि फार्म और फंक्शन के बुनियादी संरचना अवधारणाओं के बारे में सीखते हुए मापने, स्थानिक जागरूकता जोड़ना और घटाव और ज्यामिति। छोटे पैमाने पर मॉडल बनाने या स्कूल प्रेरित वास्तु चमत्कारों में सादे कागज और बक्से को बदलने के लिए जितना बड़ा हो उतना ही निर्माण करें।

जिसकी आपको जरूरत है

कार्डबोर्ड बक्से (इस्तेमाल किया जाने वाला प्रकार वांछित आकार के आधार पर भिन्न होगा। छोटे भवनों के लिए जूता, अनाज या पटाखे बक्से की कोशिश करे, और बड़े निर्माण के लिए बक्से बॉक्स। इसके अतिरिक्त आपका बच्चा विशिष्ट आकार को जोड़ने के लिए अलग-अलग आकार के बक्से का चयन कर सकता है)

1. मजबूत टेप

2. कार्डबोर्ड ट्यूब (कागज तौलिया शेल से पुनः उपयोग किया गया)
3. रीसाइज्ड प्लास्टिक की बोतलें
4. गोंद
5. कैंची
6. Tempera पेट या ब्रश
7. मार्कर
8. पेंसिल
9. निर्माण या ड्राईंग पेपर
10. शासक

आप क्या करते हो!

1. अपने बच्चे से पहले अपने स्कूल के ड्राइंग का खाका तैयार करने के लिए कहें। उन्हें लाइन और माप की सटीकता के लिए शासक का उपयोग करने के लिए प्रोत्साहित करें।

उदाहरण के लिए, अगर इमारत की एक तरफ छह इंच लम्बी आरेख में होती है, तो उससे पूछिए कि वह दूसरी तरफ मापने के लिए छह इंच तक खींच रहा है।

2. मॉडल के लिए पुनः उपयोग करने के लिए कार्डबोर्ड और प्लास्टिक की वस्तुओं के लिए घर खोजें। पूरी तरह से सभी मदों को धोने के लिए सुनिश्चित करें ऐसी वस्तुओं का उपनयोग न करें जो मांस या सामान उत्पादों को आयोजित करते हैं।
3. ब्लूप्रिंट ड्राइंग से अपने आर्किटेक्चरल स्कूल मॉडल का निर्माण करने के लिए अपने बच्चे की मदद करें। गोंद और या टेप के साथ विभिन्न प्रकार के बक्से, ट्यूब और प्लास्टिक की वस्तुओं का मिश्रण करें। वास्तविक इमारतों पर पाए गए आकृतियों की याद दिलाए जाने वाले आइटम ढूँढ़ें। एक कार्डबोर्ड ट्यूब एक चिमनी या एक जूता बॉक्स की तरल लग सकता है एक छोटे से इसके अलावा सदृश हो सकता है।
4. एक बार निर्माण समाप्त हो जाने पर आपके बच्चे को विशिष्ट सुविधाएँ जैसे दरवाजे और खिड़कियाँ खींचना चाहिए।
5. आपका बच्चा अब टैम्पैरा का इस्तेमाल रंग में रंग जोड़ने के लिए कर सकता है।
6. इस गतिविधि के साथ कुछ नए शब्दावली शब्द जोड़ने की कोशिश करे कुछ बच्चों के लिए 'वास्तुकला' शब्द नया हो सकता है अन्य कला और वास्तुकला आधारित शब्दों में शामिल है फार्म कॉलम, मेहराब, गुम्बद, पोस्ट और लिटेल, तीन आयामी और पेडिमेंट।

32

आकार ट्विस्टर खेल खेलते हैं

युवा बच्चों को उज्जवल रंग और आकृतियों से प्यार है। कुछ समय के लिए एक प्राथमिक स्कूल के खेल का मैदान पर जाए और आप यह भी देखेंगे, वे चारों ओर घूमते रहते हैं यहाँ कि एक किंडरगार्टन गतिविधि है जो सभी तीन आकार, रंग और गति को बुनियादी आकृति शर्तों की समीक्षा करने के लिए जोड़ती है। जो बाद में विशेष रूप से गणित में उपयोगी होती है, जब बच्चे तीन आयामी आकृतियाँ और प्रारम्भिक ज्यामिति का अध्ययन करने लगते हैं। इससे

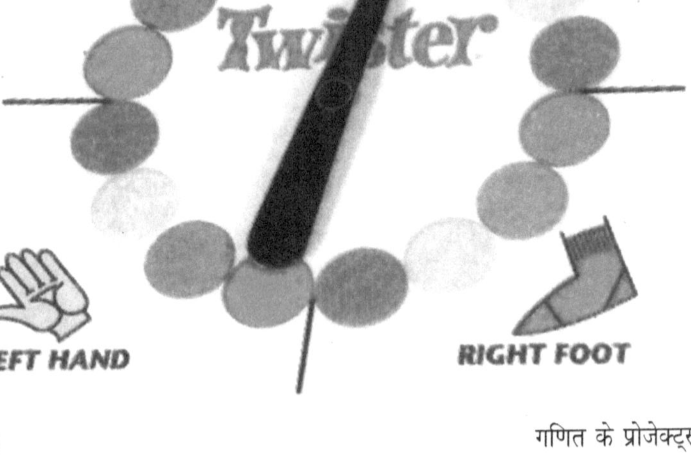

भी महत्वपूर्ण बात, यह बच्चों को एक सक्रिय भूमिका निभाने के लिए उन्हें प्रेरणा देकर पढ़ने और पढ़ना बच्चों को प्राप्त करता है।

जिसकी आपको जरूरत है

1. निर्माण कागज-विभिन्न रंग
2. बाल सुरक्षा कैंची
3. क्रायंस या मार्कर
4. धातु पेपर बाँधने वाला
5. स्काच टेप
6. पेंसिल
7. लाइन वाला पेपर

आप क्या करते हो!

1. मंच तैयार करें। समझाओ कि यह एक मजेदार गेम है जिसमें रंग और आकार का उपयोग किया जा सकता है, जबकि दिशाओं का एक सैट का अनुकरण करना जो थोड़ा मुश्किल हो सकता है अपने बच्चे को पता चला कि आप इसे एक चुनौती मानते हैं—लेकिन एक वह भी अच्छी तरह से कर सकता है।
2. गेम बनाओ अपने बच्चे को निम्नलिखित आकृतियाँ में से प्रत्येक के लिए क्रेऑन या मार्कर का उपयोग करे, वर्ग, आयताकार, त्रिकोण, हीरा, वृत्त और तारा उन्हें काफी बड़ा कम से कम 6-8 मरे और कागज के बहुत सारे रंगों का उपयोग करे फिर उन्हें फर्श पर पंक्तियों में रखना चाहिए।
3. दिशाएँ बनाए निर्देशों की एक सूची बनाने के लिए अपने बच्चे से पूछे या तो आप या वह उन्हें लिखे कागज की एक शीट पर लिख सकते हैं। उदाहरण 'अपने दाहिने हाथ को—पर

रखो—पर अपना बायाँ हाथ रखें।' अपना 'सही पैर—पर रखो अपने बाएँ पैर को—पर रखें।' अपना दाहिना हाथ ले जाए और उसे—पर रखें।

4. एक स्पिनर बनाएं अपने बच्चे को क्रेयोन और निर्माण कागज का उपयोग करके पेपर स्पिनर बनाने के लिए मदद करें, जो उन्होंने बनाए हुए प्रत्येक रंग के आकृतियों को दिखाता है। श्वेत पत्र पर एक वृत्त खींचें, और इसे एक पेंसिल का उपयोग करके भाग में विभाजित करें। क्या आपका बच्चा प्रत्येक अनुभाग को एक रंग क्रेन के साथ रंग देता है अपने बच्चे को प्रत्येक रंग के अनुभाग पर एक तस्वीर खींचे ताकि उनके द्वारा बनाई गई आकृतियों का मिलान किया जा सके। फिर निर्माता पेपर के दूसरे टुकड़े से एक तीर को काट ले, इसे स्पिनर सर्कल में फिट करने के लिए कट करें और पेपर फास्टनर के साथ इसे केन्द्र में जकड़ें।
5. प्ले! अपने बच्चे को अपनी सूची से दिशा पढ़ने के द्वारा गेम खेलने में सहायता करें। फिर स्पिनर को यह पता लगाने के लिए कि कौन-सा रंग का आकार वे जमीन पर लाना होगा। तब तक जारी रखें कि वे सभी रंगों और आकृतियों की पहचान न करें। पुराने भाइयों के साथ खेलने के लिए यह एक अच्छा खेल है आखिरकार मजेदार होने के लिए आप कभी भी बूढ़ा नहीं हो...और जब आप यह कर रहे तो तब गणित सीखें।

33

पैनीज, डाइम्स, डॉलर खेलें

प्रथम और द्वितीय श्रेणी में, बच्चों को पैसों की गणना और उपयोग करने के लिए बहुत समय लगता है। आश्चर्यचकित न हो यदि आपके बच्चे के लिए कई सालों तक यह 'जेल' नहीं करता है। हमारे पैसे प्रणाली वास्तव में बहुत मायने नहीं रखती है जब तक कि बच्चे 1 से 100 नम्बर लाइन और स्थान मूल्य (दसियों, सैकड़ों और इतने आगे) सहित कुछ मूलभूत गणित अवधारणाओं के साथ पूरी तरह से सहज होते हैं। यह पहला और दूसरा ग्रेडर के लिए एक सिक्का गिनती गेम है जो इस प्रक्रिया को साथ में आगे बढ़ने में मदद करता है।

जिसकी आपको जरूरत है!

1. पेनीज का ढेर, कम से कम 200 अगर आपके 2 खिलाड़ी है।
2. डाइम्स का ढेर कम से कम 20 अगर आपके पास 2 खिलाड़ी है।
3. एकभरा।
4. पेंसिल और प्रत्येक खिलाड़ी के लिए 8½×11 कागज की शीट

आप क्या करते हो!

1. इस गेम में विजेता वह व्यक्ति होगा, जो छह मोड़ी में सम्भवतः 100 के करीब होने के लिए एक साथ डाइम्स और

पेनीज को जोड़ सकता है।

2. प्रत्येक खिलाड़ी के लिए स्कोरकार्ड बनाकर शुरू करें उसे पेनीज नामक एक स्तम्भ बना दिया है, जिसका नाम dimes ‘नामक कॉलम और एक मान कॉलम है।
3. टेबल के मध्य में दो बवासीर में डाइम्स और पेनीज रखें, खिलाड़ियों के बीच बीच, ताकि हर कोई उन तक पहुँच सके।

4. खिलाड़ियों को मरना रोलिंग बदल लेना चाहिए प्रत्येक खिलाड़ी मरने पर दिखाए गए अनुसार डाइम्स या पेनीज की स्टीक संख्या लेगा। उदाहरण के लिए, यदि भरने वाला नम्बर 5 दिखाता है, तो प्रत्येक खिलाड़ी 5 पैसा ले सकता है या एक खिलाड़ी 5 डाइम्स और अन्य 5 पैसे ले सकता है।
5. खिलाड़ियों ने सिक्का स्तम्भ में डाईम कॉलम और उनके पेनीज में अपना डाइम्स डाल दिया और प्रत्येक मोड़ के बाद उठाए सिक्के के मूल्य लिखते हैं।
6. जैसे कि रोल आप जोड़ते हैं, इसलिए सिक्के जब भी किसी खिलाड़ी को दस पैसे मिलते हैं, तो उसे अपने लिए एक पैसा के लिए स्वचालित रूप से व्यापार करना चाहिए और सही कॉलम से पैसा देना चाहिए।
7. छह मुड़ने के बाद, हर कोई पैसे बन्द कर देता है। 1.00 के सबसे करीब कौन आया? यह विजेता है।
8. यह खेल बच्चों को एक एक मे तीन प्राथमिक गणित अवधारणाओं को तलाशने की अनुमति देता है। पेंसिया को दसिया स्तम्भ में ले जाकर आपके बच्चे को 'स्थान मूल्य' 'लोगों दसियों सैकड़ों और इसी तरह के विचारों को पता चलता है। 1.00 तक की गिनती करके आपके बच्चे के व्यवहार संख्या रेखा पर चल रहा है—पैसे के साथ एक सरल खेल के लिए बुरा नहीं वास्तव में हम अनुशंसा करते हैं कि आप इसे अपने युवा गणितज्ञों के साथ खेलते रहें। और आनन्द ले न केवल मजेदार बल्कि सीखने से, आप साझा करते हैं।

34

डॉलर के खेल $ 1.00 के लिए दौर

अपने बच्चे के साथ सिक्का गिनती का अभ्यास करने के लिए नए और मजेदार तरीके खोज रहे हैं। पैसे के साथ काम करने में सक्षम होने के नाते प्रारम्भिक गणित पाठ्यक्रम का एक महत्वपूर्ण अंग है। जब तक बच्चे तीसरे ग्रेड तक पहुँचते हैं, तब तक उन्हें प्रत्येक सिक्का के मूल्य को जानने की उम्मीद होती है और सिक्कों के एक सेट को 50 सेट तक और अधिक के रूप में गिना जाता है। आराम और आत्मविश्वास को बढ़ाने के लिए अपने बच्चे को इस गणित कौशल का अभ्यास करने में सहायता करें। ये सरल और सस्ती खेल आपके बच्चे को एक मजेदार तरीके से गणित का अभ्यास करने के लिए अधिक तरीके देंगे।

आप क्या करते हो!

इन खेलों का लक्ष्य गिनती और सिक्कों को $ 1.00 तक पहुंचाने के लिए अभ्यास करना है।

गेम 1

1. पेपर बैग में सभी सिक्क रखे, और बैग को हिलाएँ।
2. एक खिलाड़ी बैग से बेतरतीब ढंग से एक सिक्का चुनकर गेम के पहले दौर को प्रारम्भ करे। प्रत्येक खिलाड़ी तब अपने कागज पर पत्रिका को आकर्षित करेगा।
3. अगले, एक संकेत के बाद, सभी खिलाड़ियों को पेपर पर

सिक्कों को आकर्षित करना जारी रहता है, जब तक कि वे 1.00 तक नहीं पहुँचते हैं। $ 1.00 के लिए पहले सही दौर जीतता है। उन सिक्कों के संयोजन के साथ आने के लिए खिलाड़ियों को चुनौती दे, जो अलग-अलग है, जो कि वे या दूसरों ने पहले लिखा है।

4. गेम जारी रखें, जिसमें प्रत्येक खिलाड़ी सिक्का चुन लेता है और सिक्का संयोजनों को आकर्षित करता है जब तक बैग में कोई और सिक्के रखे न हों।
5. विजेता वह है जिसने सबसे अधिक राउड जीत लिया है।

गेम 2

1. पेपर बैग में सभी सिक्के रखें, और बैग को हिलाएं।
2. पहले खिलाड़ी बैग से एक सिक्का चुने और इसे अपने पत्रक पत्र पर खींचे। वह फिर उस सिक्के को बैग में लौटा देगा।
3. बैग को फिर से हिलाओ, फिर दूसरे खिलाड़ी ने बैग से एक सिक्का चुन लिया, उसे अपनी शीट पेपर पर खींचा और उसे बैग में वापस कर दिया।

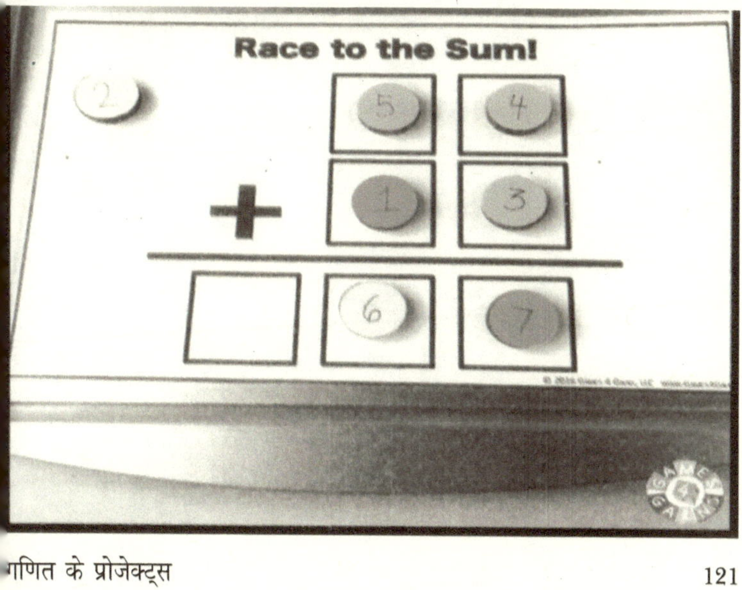

4. इस तरह के अन्य खिलाड़ियों के साथ जारी रखें, प्रत्येक खिलाड़ी एक सिक्का चुन लेता है और इसे अपने कागजात पर आकर्षित करता है। प्रत्येक खिलाड़ी को प्रत्येक पेड़ के बाद अपने पेपर पर सिक्के के कुल मूल्य की गणना करना होगा।
5. 1.00 या इससे अधिक तक पहुँचने वाला पहला खिलाड़ी विजेता है।
6. Dollar Games : Race to 1.00

35

एक जन्मदिन बार ग्राफ बनाएँ

1. जिसकी आपको जरूरत है
2. सफेद पोस्टर बोर्ड
3. शासक
4. मार्कर
5. सहपाठियाँ, परिवार या दोस्तों से जन्मदिन डेटा

आप क्या करते हैं!

1. क्या आपका बच्चा अपने सहपाठियों के जन्मदिन को शिक्षक या उनके प्रत्येक सहपाठियों से रिकॉर्ड करता है।
2. एक बार डेटा एकत्र किया गया है, वह बार ग्राफ बनाने के लिए तैयार है। सफेद पोस्टर बोर्ड ले लो और उसके सामने उसे लम्बाई रखें (लम्बे पक्ष को क्षैतिज होना चाहिए, और छोटे पक्ष उर्ध्वाधर रहा होना चाहिए)।
3. उसके बाद अपने बच्चे को एक उर्ध्वाधर रेखा और एक क्षैतिज रेखा को एक मार्कर के साथ बनाए जिससे प्रत्येक बाईं ओर दो इंच की सीमाएँ, नीचे बाएँ कोने में शुरू हो जाए उर्ध्वाधर पंक्ति को y-अक्ष कहा जाता है और क्षैतिज को एक एक्स-अक्ष कहा जाता है।
4. उसके बाद, उसे क्षैतिज रेखा के साथ हर दो इंच छोटे खड़ी

अंक बनाने के लिए कहे, जब तक कि वह 12 अंक न बना।

5. उसे प्रत्येक ऊर्ध्वाधर चिह्न के तहत हर महीने या उसका संक्षिप्त नाम लिखने के लिखते के लिखते निर्देशित करें महीने के नीचे शीर्षक जन्म महीनों लिखें।
6. उसे उर्ध्वाधर रेखा के साथ छोटे-छोटे अंक दो इंच बनाएं। लाइन के बाएं हाथ पर एक नम्बर 1-10 दो अंक दें (यह सम्भावना नहीं है कि 10 से अधिक बच्चों का एक ही जन्म महीना होगा, लेकिन यदि ऐसा है तो वह चार्ट को उच्च बना सकता है।
7. फिर संख्याओं के बगल में खड़ी शीर्षक 'छात्रों की संख्या' लिखें।
8. अब वह जनवरी से शुरू होने वाले रिकार्ड डेटा को रेखांकित करने के लिए तैयार है। उदाहरण के लिए, अगर जनवरी में पैदा होने वाले दो बच्चे हैं, तो उसे शासक में ले जाएं और जनवरी से लेकर 2 नम्बर तक एक ऊर्ध्वाधर रेखा बना लें। फिर, कम से कम एक इंच मोटी बार में एक लाइन बना लें, जिससे यह दृश्यमान हो एक दूरी।

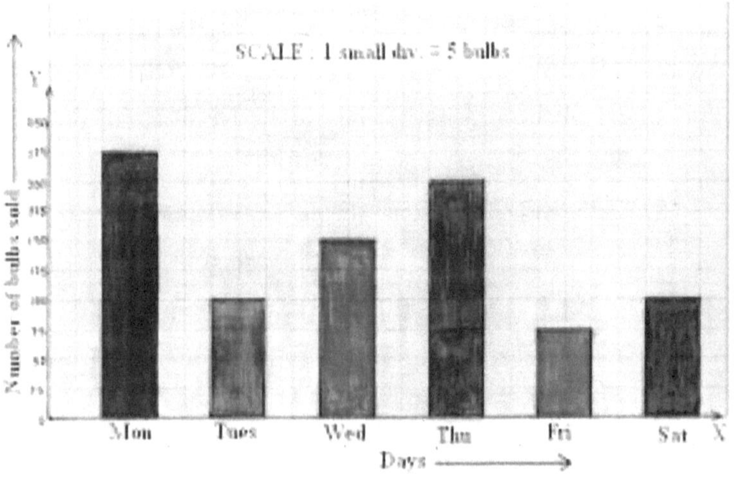

9. शेष महीनों के साथ उपरोक्त चरण को दोहराएं। यदि एक महीने में कोई जन्मदिन नहीं होता है, तो उसे क्षैतिज एक्स-अक्ष में एक छोटी लेकिन दृश्य रेखा दिखाई दे रही है। उसे क्षैतिज या एक्स-अक्ष के बाईं ओर एक शून्य रखने के लिए कहें।
10. उसे ग्राफ को शीर्ष पर एक शीर्षक देने के लिए प्रोत्साहित करें। उदाहरण के लिए कक्ष 14 का जन्मदिन ग्राफ अगर वह चाहे तो वह ग्राफ के आसपास कुछ सजावट जोड़ सकता है।
11. ग्राफ पूरा होने पर, वह इस गतिविधि का विश्लेषण करके इसे समाप्त कर सकता है। उसे निम्नलिखित प्रश्नों का उत्तर दें।

36

चलाए बिल्डर्स और बुलडोजर

दिल और फेफड़ों को मजबूत करने वाली इस उच्च ऊर्जा एशेबिक गतिविधि से अपने बच्चे को स्वस्थ, फिट और सक्रिय रहने में सहायता करे खेल में दो टीमों, बिल्डरों और बुल्डोजर ट्रैफिक शंकुओं को खड़े करके या उन्हें टिपते हुए अंक कमाने का प्रयास करने के लिए क्रॉस-मकसद पर काम करते हैं। चूंकि प्रत्येक बच्चे को अपने स्कोर का ट्रेक रखना चाहिए, इसलिए यह गेम कुछ अच्छे मानसिक गणित अभ्यास भी प्रदान करता है। एक पागल, रोमांचक और स्वस्थ दोपहर के लिए मजा में शामिल होने के लिए पड़ोस के बच्चों को आमन्त्रित करे।

जिसकी आपको जरूरत है

1. 10-20 यातायात शंकु
2. बड़े फ्लैट क्षेत्र
3. 2 या अधिक प्रतिमागियाँ
4. यदि आपके पास यातायात शंकु नहीं है, तो आप निम्न सामग्रियों का उपयोग कर स्वयं बना सकते हैं!
5. 10-20 प्लास्टिक की पानी की बोतलें, 2 लीटर सोडा की बोतलें या टेनिस बॉल कैंसिटर (सभी ढक्कन के साथ)
6. रेत खेलें 7 डक्ट टेप

आप क्या करते हो!

1. यदि आप वास्तविक यातायात शंकुओं का उपयोग कर रहे हैं, तो चरण 2 पर न जाएं। यदि नहीं, तो आप आसानी से प्लास्टिक की पानी की बोतल, 2 लीटर सोडा की बोतलें या टेनिस बॉल कैंसटर्स से अपनी खुद की यातायात शंकु कर सकते हैं। प्रत्येक बोतल या कनस्तर को नीचे के वजन के बारे में एक कप खेलने के रेत के साथ मरे। बोतल पर टोपी वापस पथ, और बच्चों को इसे खोलने से रोकने के लिए डक्ट टेप की एक पट्टी से सुरक्षित करें।
2. फ्लैट क्षेत्र के चारों ओर ट्रैफिक शंकुएं रखे, उन्हें, 4-5 फीट के अलावा अन्तर दे। उनके पक्षों पर शंकुओं को आधा भाग रखें और आधा खड़े सीधे खड़े हो जाओ।
3. दो भी टीमों में प्रतिभागियों को व्यवस्थित करें एक दल को बिल्डरों और दूसरी टीम बुल्डोजर नामित करें।
4. टीमों को अपने कार्य दे। बिल्डरों को अपने पक्ष में आने वाले यातायात शंकुओं को खड़ा करना चाहिए और बुल्डोजर को उन शंकुओं पर टिप देना चाहिए जो खड़े हैं। सुनिश्चित करें कि बुल्डोजर यह समझते हैं कि उन्हें शंकु को मारने की

अनुमति नहीं है, उन्हें धीरे-धीरे उन्हें अपने पक्षों पर टिप दो।

5. टीमों को खेलना शुरू करना है प्रत्येक दौर में केवल दो या तीन मिनट तक चक्कर लगाकर गोल में खेलते रहे। प्रत्येक खिलाड़ी अपने स्कोर का ट्रैक रखे–खिलाड़ियों को प्रत्येक शंकु के लिए एक बिन्दु मिलता है या तो ऊपर या ऊपर खड़ा रखा।
6. गोल के अन्त में प्रत्येक टीम के खिलाड़ी अपने समूह स्कोर को निर्धारित करने के लिए अपने व्यक्तिगत स्कोर को जोड़ते हैं।
7. गोल दो के शुरू होने से पहले, खिलाड़ियों को टीमों को स्विच करना पड़ता है ताकि उन्हें दोनों भूमिकाओं का प्रयास करने का मौका मिले।
8. तब तक खेलना जारी रखें जब तक प्रतिभागियों को सभी व्यायाम से बाहर थक गए हों।

37

खोई संख्या पहचाने

ठीक है, स्थान मूल्य की पहचान करना आइस्क्रीम खाने के रूप में मजेदार नहीं है, लेकिन कुछ सूचकांक कार्ड और प्रतिस्पर्धा भावना के साथ, यह खेल के रूप में प्रच्छन्न हो सकता है! यह गेम, जो आपके बच्चे को चार अंकों की संख्या में लापता अंक खोजने के लिए चुनौती देता है, आपके बच्चे को हजारो, सैकड़ों, दसियों और लोगों की समझ को मजबूत करेगा। खेलने के लिए कुछ राउंड के बाद, आपका बच्चा किसी भी व्यवसाय की तरह मूल्य की पहचान नहीं करेगा।

जिसकी आपको जरूरत है

1. 40 सूचकांक कार्ड 0-9 से प्रत्येक अंक के लिए चार कार्ड बनाने के लिए उन्हें प्रयोग करें (उदाहरण के लिए, नम्बर 0 के साथ 4 कार्ड बनाएं, चार नम्बर 1 के साथ आदि)
2. स्थान मूल्य चार्ट हाजरों सैकड़ों, दसियाँ और लोगों को दिखा रहा है।

आप क्या करते हो!

1. प्रत्येक खिलाड़ी को 20 नम्बर कार्ड का एक समूह दें। सुनिश्चित करें कि प्रत्येक व्यक्ति के पास दो संख्याएँ हैं अपने बच्चों के साथ स्थान मूल्य चार्ट की समीक्षा करें।

2. खेल खेलना शुरू करने के लिए कहो एक 4 अंकों की संख्या जोर से। अपने तीन नम्बर कार्ड ले लें और उनमें से प्रत्येक को इसी स्थान मूल्य वर्ग में रखें। एक वर्ग रिक्त होगा मुद्दा यह है कि आपके बच्चे को यह पता लगाना होगा कि कौन-सा गायब है। उदाहरण के लिए, यदि आप कहते हैं कि संख्या 1,236 और जगह कार्ड हजारों, सैकड़ों एक स्थान में है तो उसे यह पता लगाना होगा कि 3 दसियां की स्थिति से गायब है।
3. नम्बर फिर से कहीं खाली स्थान पर मूल्य वर्ग पर, अपने बच्चे को नम्बर एक कार्ड, एक लापता अंक दिखा रहा है, रखकर नम्बर पूरा करें। क्या आपका बच्चा लापता अंक का स्थान मान पढ़ता है? अपने बच्चे से पूरी संख्या को पढ़ने के लिए कहें। वह हर गुम संख्या के लिए पाती है उसे एक अंक मिलता है।
4. भूमिकाएँ बदली।

	□	7	9	□
−	2	8	□	6
	2	□	2	6

5. आपके द्वारा इस गेम को कई बार केवल एक अंक के लापता होने के बाद खेला है, फिर धीरे-धीरे लापता अंकों की संख्या में वृद्धि करने का प्रयास करें। लम्बे समय से पहले, आपका बच्चा सभी चार अंकों की आपूर्ति करना चाहता है खुशी से ट्रम्प होने की तैयारी।

38

ग्राफ पहेली को हल करें

निर्देशांक विमानों, चार चतुर्थक, मंगाए गए जोड़े, ये शब्द हैं, जो छात्रों को मध्य ग्रेड में बेचैन करते हैं। हालांकि अभ्यास के साथ समन्वय विमान पर रेखांकन एक सुखद गतिविधि हो सकता है पाँचवीं कक्षा में छात्रों को सकारात्मक और नकारात्मक संख्याओं को समझते हैं ताकि चार क्वाट्रंस पर रेखांकन एक समस्या का समाधान करने के लिए इस ज्ञान को लागू करने का एक तरीका है। ज्यामितीय आँकड़े बनाने के क्रमबद्ध युग्मों का उपयोग करना पहेली को सुलझाने जैसा है!

ग्राफिंग कौशल का अभ्यास करके, छात्र अपने दृश्य, सोच और समस्या को सुलझाने के कौशल को बढ़ा रहे हैं। यहाँ एक मजेदार ज्यामितीय पहेली है गतिविधि है जो आपके बच्चे के हित को कैप्चर करेगी और उसकी संख्या जागरूकता को मजबूत करेगी।

जिसकी आपको जरूरत है

1. ग्राफ पेपर
2. पेंसिल
3. शासक

आप क्या करते हो

1. (2, 2), (2, 4), (3, 5), (4, 4), (4, 2)

2. ग्राफ पेपर का उपयोग करके, अपने बच्चे को चार क्वाइट प्लेन बनाने में मदद करें। X-अक्ष (क्षैतिज रेखा) और Y-अक्ष (ऊर्ध्वाधर पंक्ति) लेबल करें। दोनों पंक्तियों का अन्तराल लेबल करें। X-अक्ष 1 से 7 के दाहिनी और प्रत्येक बिन्दु को लेबल करें। X-अक्ष –1 से –7 पर बाईं और प्रत्येक बिन्दु को लेबल करें। Y-अक्ष लेबल पर सकारात्मक संख्याओं के साथ अंक, 1-7, और फिर नकारात्मक संख्याओं के साथ अंक नीचे लेबल, –1 से –7 प्रिंट करने योग्य निर्देशक विमान कार्यपत्रक का उपयोग करते समय X-अक्ष और Y-अक्ष का प्रिंटआउट की समीक्षा करें।
3. अपने बच्चे को ये आदेश दिए जोड़ दें और उन्हें निर्देशांक विमान पर साजिश करने के लिए कहें। (0–2), (1–3), (2, –2), (2, –4), (1, –5), (–2, –4), (–2, –2), (–1, –3)।
4. X-अक्ष पर क्रमबद्ध युग्म की पहली संख्या और Y-अक्ष पर

क्रमबद्ध युग्म की दूसरी संख्या को हल करने के लिए अपने बच्चे को याद दिलाए।

5. इसके बाद, आपका बच्चा एक शासक लेता है और 5 अंक जोड़ता है। उससे पूछें कि उन्होंने किस ज्यामितीय आकार का निर्माण किया (एक पैंटागना)
6. अपने बच्चे को क्रमबद्ध युग्मों को ग्राफ में सेट करें। (−2, 3), (−3, 5), (−4, 6), (−5, 5), (−6, 3), (−4, 4), (−2, 5), (−6, 5)
7. उसे 9 बिन्दुओं से जुड़े और उस आकार का वर्णन करे जिसे उसने बनाया है, एक ट्यूलिप)।
8. आपके बच्चे को हल करने के लिए यहाँ चुनौतीपूर्ण पहेली है। उसे आदेशित जोड़े के इस सेट को साजिश कराए!
9. इस बार दिखाए गए क्रम में अंक कनेक्ट करना महत्वपूर्ण है। यदि प्रत्येक आदेश दिया गया जोड़ी सही ढंग से छिड़कती है और प्रत्येक बिन्दु को दिए गए क्रम से जुड़ा हुआ है, तो पाँच तारे का तैयार करेगा।

39
स्टॉक मार्केट मैथ

जिसकी आपको जरूरत है

1. msn.com से स्टॉक ग्राफ (या एक अखबार)
2. पेपर और पेंसिल
3. दिन
4. शेयर की कीमत
5. शेयरों का कुल मूल्य!

आप क्या करते हो!

अपने बच्चे को लोकप्रिय ब्राडी का चयन करे, जिससे उसका स्टॉक चुनना है। उदाहरण के लिए पेप्सिको (पीईपी), गुगल (GooG) नाइके (एनकेई) या ऐप्पल (एएपीएल) सभी प्रसिद्ध कम्पनियाँ हैं जो सार्वजनिक रूप से कारोबार कर रहे हैं।

समझाओ कि जब कोई व्यक्ति किसी कम्पनी में स्टॉक का शेयर खरीदता है, तो वह कम्पनी का एक हिस्सा खरीदती है और शेयर धारक बन जाती है। कम्पनी का प्रत्येक हिस्सा या टुकड़ा पैसे खर्च करता है और जब कम्पनी पैसा बनाती है तो शेयर धारक। इसके बाद, अपने बच्चे को msn.com को निर्देशित करे। स्टॉक के लिए प्रतीक दर्ज करे (या प्रतीक पाने के लिए कम्पनी का नाम दर्ज करे) उसे स्टॉक

के लिए एक हिस्से की कीमत (मूल्य) दिखाएँ। इसके बाद, 'इट्रेडे' ग्राफ पर क्लिक करे जो स्टॉक की दैनिक गतिविधि को दर्शाता है। और मूल्य जल्दी कैसे बदल सकता है। 5 दिन, 10 दिन, मासिक और वार्षिक चार्ट पर क्लिक करें और अपने बच्चे के साथ ग्राफ पढ़ें अलग-अलग समय अवधि में स्टॉक की कीमतों में हुए परिवर्तनों को नोट करें।

इसके बाद, अपने बच्चे से 'नकली शेयर धारक बनने के लिए कहें उससे पूछिए कि वह कितना शेयर खरीदना चाहेगा। उदाहरण के लिए अगर वह पेप्सिको के 1.000 शेयरों को 68.00 डॉलर प्रति शेयर में खरीदेगी, तो वह उसके शेयरों के मूल्य की गणना करके गुणा करेगी।

$68.00 \times 1000 = \$\ 68.800.00$

अपने बच्चे को नीचे दिए गए चार्ट की तरह चार्ट बनाएं और एक सप्ताह के लिए शेयर का पालन करें। प्रत्येक दिन के अन्त में, उसे शेयर की जाँच करनी चाहिए, स्टॉक की कीमत भरनी चाहिए और प्रत्येक दिन उसके शेयरों का कुल मूल्य जानने के लिए 1.000 रुपए की कीमत गुणा करें।

शुक्रवार को, आपका बच्चा अपने शेयर के मूल्य का अन्तिम

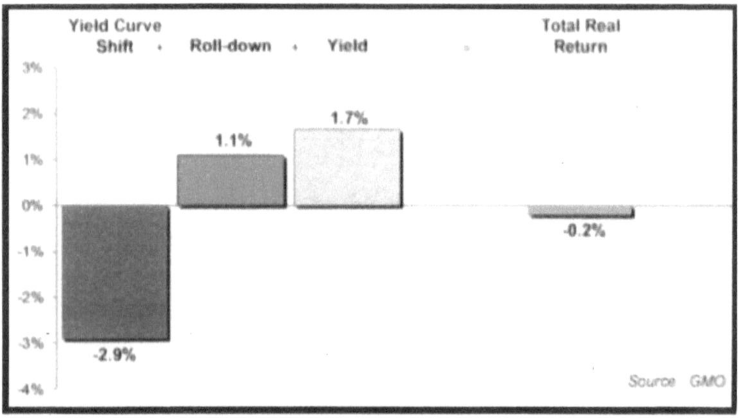

आंकलन कर सकता है। उसके साथ चर्चा करें कि उसने गतिविधि से क्या सीखा है इसके अलावा, उससे पूछें कि वह क्या सोचती है कि उसे उसके स्टॉक के साथ क्या करना चाहिए किसी अन्य कम्पनी में शेयर धारक बेच, खरीदना या बनना चाहिए।

40

इसे जोड़ो

जीत की तलाश में जितना सम्भव हो उतने नम्बरों का उपयोग करने का प्रयास करें। अपनी संख्या निर्धारित करने के लिए कार्डों के एक डेक से ड्रा फिर उन सभी अलग-अलग संख्याओं को चिह्नित करें जिनका उपयोग आपने उठाए गए नम्बर के बराबर रकम बनाने के लिए किया हो। इस अतिरिक्त खेल में भाग लेने के लिए आपके बच्चे को कौशल को सुलझाने में उनकी समस्या जुड़ी होगी। इससे पहले कि आप जानते हैं, वह घटाव से निपटने के लिए तैयार हो जाएगा।

जिसकी आपको जरूरत है

1. कार्ड खेलने का डेक (चेहरा कार्ड हटाए गए)
2. सूचकांक कार्ड
3. पैन या मार्कर प्रत्येक खिलाड़ी के लिए एक अलग प्रकार के काउंटर आपके पास जितने अधिक खिलाड़ी होंगे, उतने ही प्रत्येक तरह के काउंटर के लिए आपको आवश्यकता होगी यदि आप केवल 2 लोगों के साथ खेल रहे हैं, तो सुरक्षित होने के लिए आपको प्रत्येक प्लेयर के लिए कम से कम 100 काउंटरों की जरूरत होगी (हम अलग-अलग प्रकार के बींस का इस्तेमाल करते हैं, लेकिन आप विभिन्न रंगों के पेड़ों के सिक्कों या टूटी हुई टुकड़ों का उपयोग भी कर सकते हैं।

आप क्या करते हो!

1. सूचकांक कार्ड पर नम्बर 1-10 लिखें।
2. एक सपाट सतह पर सूचकांक कार्ड लगाओ, यह सुनिश्चित कर लें कि वे एक दूसरे से काफी दूर हैं ताकि अगर कोई काउंटर फेल हो, तो यह कोई बड़ा सौदा नहीं है।
3. प्लेइंग कार्ड को फेरें और उन्हें एक ढेर में दबाएँ।
4. इस खेल के प्रयोजनों के लिए, इक्के।

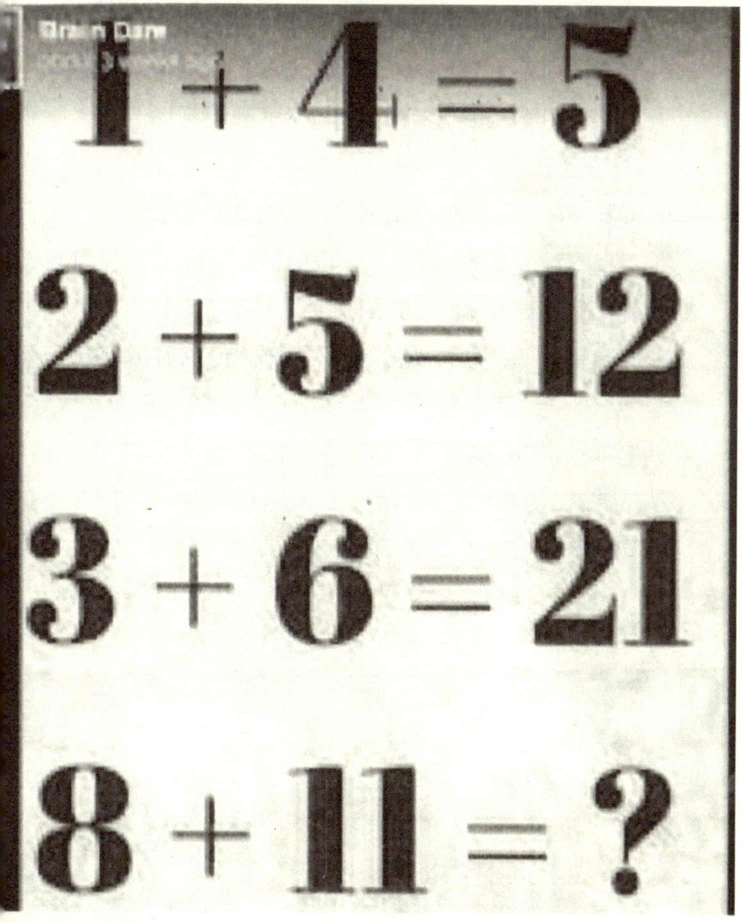

5. खिलाड़ी कार्ड लेते हुए मोड़ लेते हैं। एक कार्ड तैयार होने के बाद, खिलाड़ी को कार्ड के नम्बर वैल्यू पर एक काउंटर रखना चाहिए।
6. फिर उन्हें पता होना चाहिए कि कौन-सी संख्याओं का उपयोग रकम बनाने के लिए किया जा सकता है जो कि कार्ड के मूल्य के बराबर है (उदाहरण के लिए, यदि कोई खिलाड़ी 6 को खींचता है, तो वे '6' '1' और '5' '2' और '4' '3' को कवर कर सकते हैं)
7. अब पकड़ने के लिए प्रत्येक खिलाड़ी के पास केवल 10 सैकंड्स का कहना है कि उनकी संख्या और उनकी संख्या के बराबर राशि जोर से और उनके काउंटरों को सूचकांक कार्ड पर रखता है।
8. एक बार वह कार्ड छोड़ने के बाद, खिलाड़ियों को कितने काउंटरों का प्रयोग किया जाना चाहिए सबसे अधिक काउंटरों का उपयोग करने वाला खिलाड़ी जीतता है।
9. एक बार आपके बच्चे ने इसके अतिरिक्त महारत हासिल की है, तो उसे कुछ घटाव का प्रयास करें इस गेम को फिर से खेलें, लेकिन रकम के लिए संख्याओं को खोजने के बजाय, उन्हें उन संख्याओं को चिह्नित करना चाहिए जो अन्तर बनाने के लिए उपयोग किए जा सकते हैं।

41

चीनी क्यूब्स का प्रयोग करके वॉल्यूम को समझें

अपने बच्चे को एक हाथ देना चाहते हैं–'ज्यामिति के परिचय पर Kinesth etic शिक्षार्थियों के लिए एक हाथ के रास्ते में निर्माण और अवधारणाओं को हल करने की तुलना में गणित कौशल को मास्टर करने का कोई बेहतर तरीका नहीं है। इस लागू गणित की गतिविधि के साथ, आपका बच्चा आयताकार प्रिज्म को चीनी क्यूब्स के साथ बनाएगा। जबकि सभी सीखते हैं कि मात्रा की गणना ब्लॉकों के साथ खेलना आसान हो सकती है।

जिसकी आपको जरूरत है!

1. शुगर क्यूब
2. पेंसिल
3. कागज

आप क्या करते हो!

1. आरम्भ करने से पहले आपके बच्चे के साथ मात्रा की गणना के लिए मूल सूत्र की समीक्षा करना एक अच्छा विचार है एक आयताकार प्रिज्म के लिए, लम्बाई × चौड़ाई × ऊँचाई = मात्रा।
2. चीनी क्यूब्स का उपयोग करना, अपने बच्चे को किसी भी

आकार के एक आयताकार चश्मे बनाना है। इस अवधारणा को कम करने के लिए उसे छोटे से शुरू करने और बड़े मॉडल बनाने की दिशा में अपना काम करने के लिए प्रोत्साहित करें।

3. क्या आपका बच्चा आयताकार प्रिज्म के आयामों को रिकॉर्ड करता है कितने चीनी क्यूब्स लम्बा है? यह कितना चीनी क्यूब्स है? यह कितना सार्क क्यूब्स है?
4. आयताकार प्रिज्म के लिए मात्रा सूत्र में इन दर्ज आयामों को स्थानान्तरित करने में उनकी मदद करे। उस उत्तर को रिकॉर्ड करें जो वह साथ आता है।
5. अपने जबाब की जाँच करने के लिए, वह अपने प्रिज्म को अलग-अलग ले सकता है और शर्करा के क्यूब्स को गिना सकता है।
6. यदि उसका जवाब सही था, तो उसे एक नया मॉडल बना दिया गया है और फिर सूत्र को फिर से आजमाएँ। यदि उसे जवाब गलत हो गया है, तो उसकी गणना की जाँच करें और

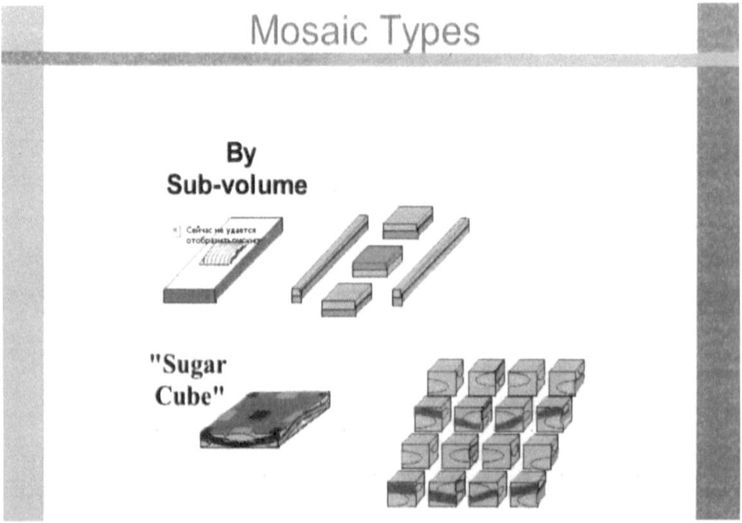

देखें कि गिनती हुई है।

7. अभ्यास परिपूर्ण बनाता है उसे प्रोत्साहित करने के लिए इस हाथ पर गतिविधि अकसर प्रयास करने के लिए पुनरावृत्ति के साथ, मात्रा और इसके सूत्र की अवधारणा उसे दूसरी प्रकृति बन जाएगी।
8. इस गतिविधि के लिए एक और विकल्प कई आयताकार प्रिज्मो का निर्माण करना है और फिर अपने बच्चे को यह समझने में सहायता करे कि भवन को मानसिक रूप से अलग-अलग आयताकार प्रिज्म में कैसे तोड़ना है। पूरे भवन की मात्रा की गणना करने के लिए उसे प्रत्येक अनुभाग की मात्रा मिल जाएगी। फिर, वह शारीरिक रूप से इमारत को तोड़ सकता है और उसका जवाब देख सकता है।

42

टाइम्स टू

उत्तेजना और उत्साह दो शब्द हैं जो आमतौर पर सीखने के गणित से सम्बद्ध नहीं होते, लेकिन यह गेम आपको आश्चर्यचकित कर देगा कि क्यों नहीं, आपके बच्चे और उसके दोस्तों के इस प्रतिस्पर्धात्मक गेम में जवाब बाहर चिल्लाते हुए एक विस्फोट होगा जो परीक्षण के लिए अपने महत्वपूर्ण सोच कौशल डाल देंगे। बनाना कार्ड एक समय में दो बाहर रखा जाता है, और जो कोई भी नम्बर बाहर निकलता है, अगर यह दो गुना हो तो कार्ड जीत जाएँगे। सबसे कार्ड के साथ समाप्त होने वाला खिलाड़ी खेल जीतता है।

जिसकी आपको जरूरत है

फेस कार्ड (जैक, क्वीन और किंग्स) के साथ कार्डों का डेक हटाया गया।

आप क्या करते हो!

1. अपने बच्चे से ये पूछें कि वे जोकर को डेक से निकालें और फिर कार्ड फेर बदल करें।
2. टेबल के केन्द्र पर दो कार्ड लगाओ। जो काई भी सही समय की संख्या को चिल्लाता है 2 बार कार्ड जीतता है। उदाहरण, यदि आप 2 और 3, $2+3 = 5 \times 2 = 10$, बाहर रखे तो सही

उत्तरी 10 है।

3. यदि यह बहुत आसान हो जाता है, तो उसी समय 3 या 4 कार्ड बिछाने की कोशिश करें, या खिलाड़ियों को 3 या 4 के मुकाबले बढ़ाना।
4. जो भी खिलाड़ी सबसे कार्ड जीतने के साथ समाप्त होता है।
5. सहायक सुझाव टीमों में खेलने के द्वारा उत्तेजना बढ़ाएँ।

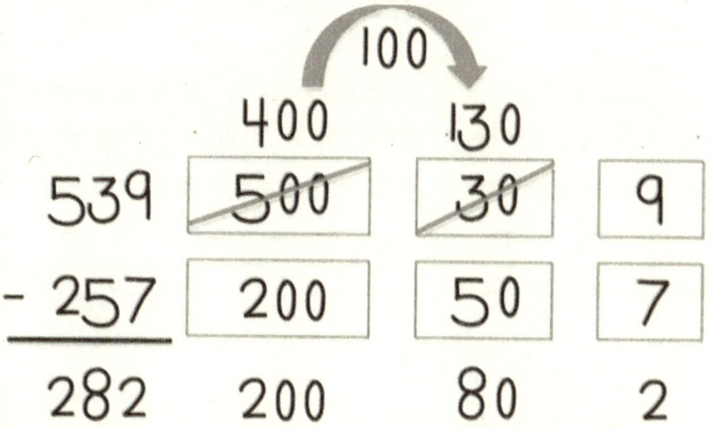

43

डरावना भूत

अपने बच्चे के साथ पाँच से गिनती करते हुए हेलीवीन का जश्न मनाने के लिए यह 'डरावने' भूत बनाते हुए अभ्यास करें भूत का शरीर एक पेपर प्लेट से बना है इसमें दो हाथ हैं, उसके चेहरे पर तीन अंडाकार, चार कणिक और पाँच घुमावदार उंगलियाँ हैं। यह एक गणित के अनुकूल भूत है।

जिसकी आपको जरूरत है

1 कागज की प्लेट
2. निर्माण कागज (2 रंग)
3. सफेद टिशु पेपर प्री कट (4 टुकड़े प्रत्येक 2 इंच × 18 इंच)
4. ग्लूस्टिक
5. पेंसिल
6. कैंची

आप क्या करते हो!

1. एक पेपर प्लेट से शुरू करें यह प्लेट भूत का चेहरा होगा अपने बच्चे से पूछें कि उसके पास कितने चेहरे हैं (उम्मीद है, केवल एक)
2. उसे उसके दोनों हाथों का पता लगाने में मदद करें उसे

कागज से बाहर कटौती करने के लिए उसे पूछो भूत में कितने हाथ हैं।

3. प्लेट के निचले हिस्से में हाथों को गोंद करने के लिए उससे पूछो।
4. उसे तिहाई में काला निर्माण कागजात की एक शीट गुणा है उसे पेपर के शीर्ष पर एक अंडाकार खींचने में मदद करें और

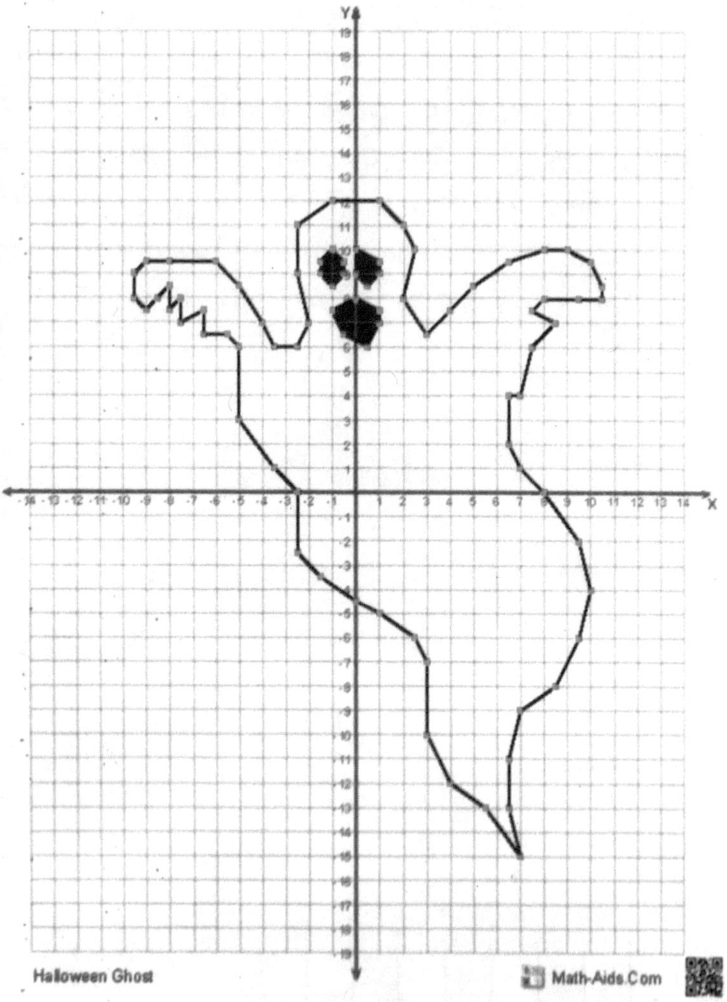

पेपर को जोड़ कर बाहर कर दें। वह तीन अंडा के साथ समाप्त होगा।

5. उसे अंडाकारों की गणना करने के लिए कहें क्या हाथों की तुलना में अधिक अंडा है? उसे आँखों और भूत के मुँह के लिए जगह में उन्हें गोद करें।
6. प्लेट में नीचे के नीचे से स्ट्रीमर को गोंद करने में उसकी मदद करें, इसलिए वे लटकाएँ। उससे पूछो भूत में कितने धारावाहिक हैं।
7. अन्त में, उसे भूत पर कुछ खोजने के लिए कहें जो पाँच से ऊपर जोड़ता है अगर वह कहती है कि एक तरफ अंक (उंगलियाँ नहीं, जैसा कि अंगूठे तान्त्रिक रूप से एक उंगली नहीं है) वह सही है। प्रत्येक पेंसिल का उपयोग करके प्रत्येक हाथ पर पाँच अंक कल की मदद करें।

44

पागल मत बनो, जाओ

कट्टरपंथी बिना थोड़ा अतिरिक्त गणित अभ्यास करना चाहते हैं? इस मजेदार कार्ड गेम की कोशिश करें जो बच्चों को अजीब और भी संख्याओं के बीच अलग-अलग सिखाता है। खेलते समय बच्चे अतिरिक्त तथ्यों को याद करेंगे आपको बस कार्ड की एक डेक की जरूरत है और आप आरम्भ करने के लिए तैयार हैं। आप अपने बच्चे को गणित के आत्मविश्वास का निर्माण करने में मदद करेंगे, क्योंकि आप भी और अजीब संख्याओं के बीच अन्तर करने की अपनी क्षमता को बढ़ाते हैं।

आप क्या करते हो!

1. सभी कार्ड्स को एक क्षैतिज रेखा में रखना चाहिए। इस खेल के लिए इक्के = 1
2. अपने बच्चे को पता चले कि उसके पास एक मिनट का चयन करने के लिए और कार्ड के जोड़ों को भी रकम के साथ निकाल दे (उदाहरण के लिए, 2+6 = 8)
3. गणना और रिकॉर्ड करें कि कितने कार्ड रहते हैं। एक कार्ड = 1 बिन्दु
4. अपने बच्चे को बताएँ कि वह कम अंक जमा करता है, बेहतर है।

5. कार्ड फिर से फेर और एक पंक्ति में उन्हें बाहर रखना इस दौर में, अपने बच्चे को आखिरी बार किए गए कार्डों को हटाने की कोशिश करें।
6. अन्तिम राउंड में, अपने बच्चे को सभी कार्डों को जोड़कर निकालने का प्रयास करने के लिए समय कि एक असीमित राशि दें यदि वह सफल होता है, तो उसे बताएँ कि वह अपने स्कोर से 10 अंक घटाना चाहता है।
7. यह खेल घटाव और गुणन अभ्यास के लिए बहुत अच्छा है।

सहायक टिप—यदि आप एक से अधिक खिलाड़ी के साथ खेल रहे हैं, तो आप कार्ड के कई डेक का उपयोग करना चाहेंगे।

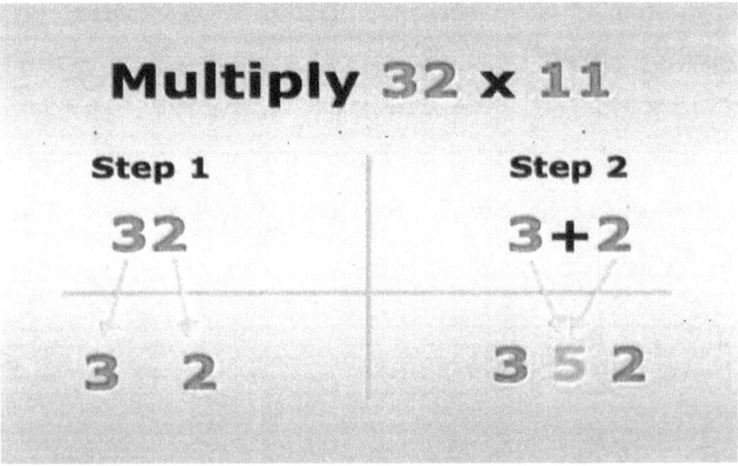

45

बोतल की अंगूठी : एक मैथ कार्निवाल गेम

कुछ भी नहीं उदासीनता पार्क के लिए एक यात्रा की तरह उदास पीछा। मजेदार घर एक बोर्ड वॉक पसन्दीदा के एक आसान कर यह अपने संस्करण के साथ लाओ...बोतल की अंगूठी एक छोटी-सी बक्से में कुछ खाली बोतलें एकत्र करें, कुछ कंगन, कंगन ले लो, और हर किसी को अपने अंगूठी को टॉस करने का मौका दें।

कुछ सीखने में घुसने के लिए, प्रत्येक बोतल के शीर्ष पर टेप नम्बर और प्रत्येक दौर के लिए बच्चों को एक नम्बर का लक्ष्य दें, उन्हें प्रत्येक बोतल में संख्याओं को जोड़ना, घटाना या गुणा करना होगा, वे यह निर्धारित करने के लिए के वे विजेता हे या नहीं। आप अकेले इस खेल को खेल सकते हैं, या किसी अन्य कार्निवल मजा के साथ कलस्टर कर सकते हैं, जैसे ही बास्केटबॉल फ्री फेक (खाली कूड़ा डिब्बे सेट करें) फर्श पर एक टेप मास्किंग टेप के साथ, और बच्चों की टोकरी बनाने की कोशिश करें) या बीनबैग हॉस। भविष्य के पुरस्कार के लिए कार्निवाल टिकट का भुगतान करने के लिए मत भूलना, चाहे वह खिलौना की तरह एक भौतिक पुरस्कार या पिज्जा पार्टी या फिल्मों की यात्रा जैसी कोई इवेंट हो।

जिसकी आपको जरूरत है

1. 10 या अधिक बोतलें, एक साथ कलस्टर

2. कई कंगन, कंगन (या छोटे दही केन्द्रों के साथ सबसे ऊपर काटा जाता है, इसलिए वे छलले बनाते हैं)
3. फीता
4. मार्करो

आप क्या करते हो!

1. बोतलों को एक साथ कलस्टर करें ताकि वे कसकर खड़े हों। आप उन्हें एक छोटे जूते बॉक्स में भी खड़ा कर सकते हैं।
2. यदि आप कुछ गणित अभ्यास में चुपके रहना चाहते हैं—तो 1-100 (यदि आप अतिरिक्त या घटाव का अभ्यास कर रहे हैं) या 1-11 (यदि आप गुणन का अभ्यास कर रहे हैं) से लेकर प्रत्येक बोतल पर एक संख्या टेप करें।
3. 'फैक लाइन' होने के लिए फर्श पर एक निशान टेप करें, इसलिए बच्चों को पता है कि उनके रिंगों में टॉस होने के कारण कहाँ खड़े होंगे।
4. लक्ष्य रखना। उदाहरण के लिए बच्चों को बताएँ, 'विजेता वह व्यक्ति होता है जो बोल्ट को पचास या अधिक तक जोड़ती है' या विजेता वह व्यक्ति होता है जो नंबरों को अपनी बोतलों में बढ़ता है, ताकि हर किसी की तुलना में अधिक संख्या में पहुंच सके या विजेता वह व्यक्ति होता है जिसका बोतल संख्या, जब गुणा लिया जाता है, तो यह स्कैच संख्या है।
5. प्रत्येक बच्चे को बोतलों की अंगूठी लगाने की कोशिश करनी चाहिए। सुनिश्चित करें कि आपके पास विजेता के लिए तैयार एक पुरस्कार है।

46

ढेर के ऊपर

गुणन के साथ एक स्पर्श खेल खेलना आपके बच्चे को बुनियादी की अवधारणाओं का बेहतर समझ प्राप्त करने में मदद मिलेगी और कागज पर इसे ढूँढ़ने से गुणा करने का बहुत तेज तरीका है। यह प्रतिस्पर्धा गेम आपके बच्चे को मास्टर गुणक में बदल देगा।

जिसकी आपको जरूरत है

1. कार्ड खेलने का डेक
2. 1 मर
3. स्क्रैच पेपर प्रति खिलाड़ी।
4. पेंसिल प्रति खिलाड़ी।

आप क्या करते हैं!

1. अपने बच्चे से कार्डों को फेरबदल करने के लिए कहें और टेबल के बीच में एक ढेर में उनका सामना करें।
2. उसे दो बार मरने का रोल करें पहला रोल उन कार्डों के ढेर की संख्या निर्धारित करता है जिन्हें उन्हें बनाने की आवश्यकता होगी। दूसरा रोल दिखाता है कि वह कितने बनाने वाले कार्ड को बनाने के लिए प्रत्येक बवासीर पर चेहरे का सामना करना पड़ता है।

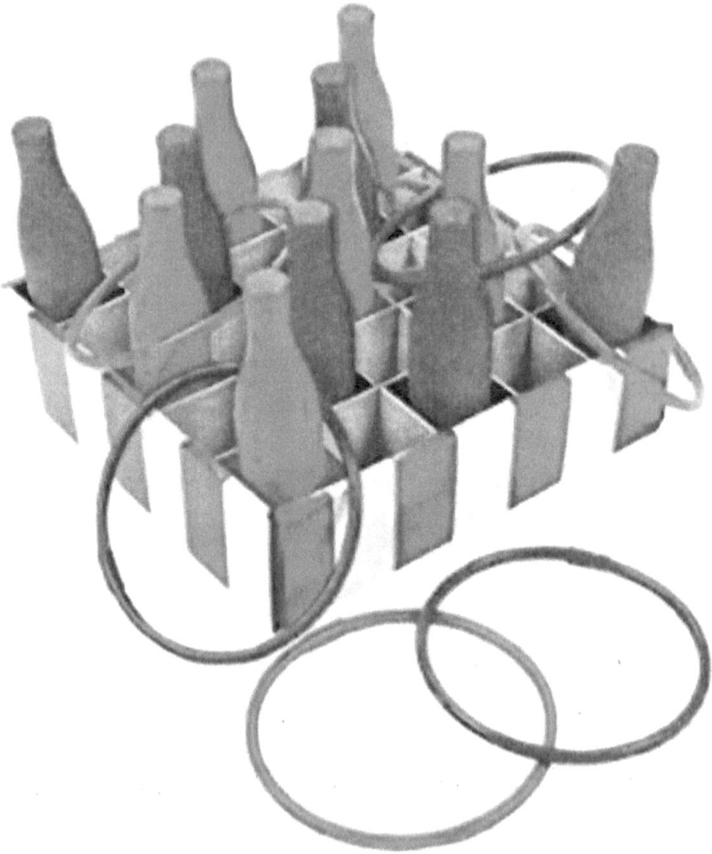

3. रोल के आधार पर कार्ड के ढेर होने के बाद, उसे बवासीर में रखे गए कार्डों की कुल संख्या जोड़नी चाहिए। उसे पहले उसके सिर में गुणा करने का प्रयास करने के लिए कहें, फिर उन्हें जोर से गिनें।
4. उसे स्क्रैच पर अपना स्कोर लिखने के लिए कहें।
5. प्रत्येक खिलाड़ी के साथ इस प्रक्रिया को दोहराएँ। 10 राउंड के लिए खेलते हैं जो भी कार्ड का उपयोग करते हुए समाप्त होता है।

47

लक्ष्य गुणन

किसने कहा कि अभ्यास करने का समय मजेदार नहीं हो सकता है? कुछ लक्ष्य कार्ड बनाए, एक कारक बोर्ड कुछ काउंटर ले लो और गुणा करने के लिए तैयार हो जाओ। यह गेम अपने बच्चे को अपने समय की तालिकाओं को याद करने के लिए एक कदम करीब लाने में मदद करेगा।

जिसकी आपको जरूरत है

1. श्वेत पत्र की 4 शीट
2. निशान
3. 2 काउंटर (हरे कागज का छोटा टुकड़ा)
4. कैंची

आप क्या करते हो!

1. मार्कर का उपयोग करके, अपने बच्चे को श्वेत पत्र की शीट में से एक पर दस से दस नम्बर लिखिए। यह कारक बोर्ड है कि आप अपने कार्डों पर संख्या तक पहुँचने के लिए काउंटर पर स्थान रखेंगे।
2. उस शीट को एक तरफ सेट करें।
3. इसके बाद, उसे श्वेत पत्र के शेष तीन शीटों के साथ एक भी

ढेर बनाने में मदद करें।

4. कैंची का उपयोग करना, उसे सावधानी से सफेद कागजों के ढेर को कई स्क्वायर कार्डों में काटा गया है।
5. इसके बाद, मार्कर का उपयोग हर यादृच्छिक गैर-प्राइम (केवल संख्या और एक से अधिक के द्वारा विभाज्य) प्रत्येक कार्ड पर नम्बर 1-100 लिखने के लिए करें।
6. दूसरी तरफ लक्ष्य लिखिए क्योंकि ये कार्ड आपके लक्ष्य संख्याओं को दिखाते हैं। कार्डों के उत्पादों पर पहुँचने के लिए आपको अपने काउंटरों के साथ कारक बोर्ड पर आने वाले नम्बरों का पता लगाने की आवश्यकता होगी।
7. उसे कार्ड को मिक्स करने में मदद करें।

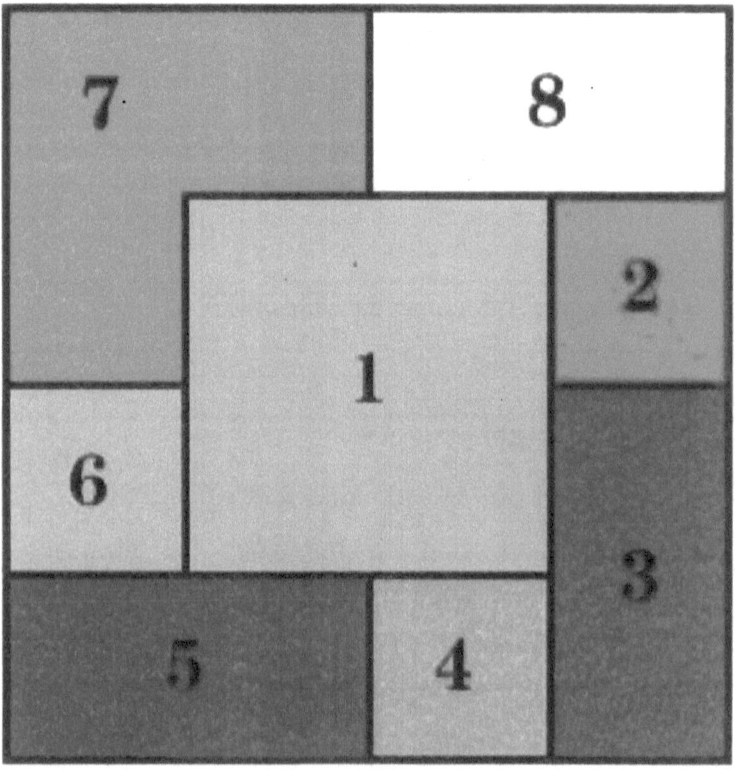

8. लक्ष्य कार्ड के एक ढेर बनाएँ, पक्ष लक्ष्य का सामना करना पड़ रहा है।
9. एक कार्ड ड्रा में जोर से नम्बर पढ़ा।
10. उसे कारक बोर्ड पर दो नम्बर ढूँढ़ने के लिए प्रोत्साहित करें, जिसे उसके लक्षित नम्बर पर पहुँचने के लिए एक साथ गुणा किया जा सकता है और उस पर काउंटर डाल सकते हैं।
11. उसे इस प्रक्रिया को जारी रखना चाहिए जब तक लक्ष्य संख्या डेक समाप्त नहीं हो जाता।
12. अगर आपका बच्चा अभी भी मजा ले रहा है, तो डेक फेर लेना और खेल को जारी रखना।
13. बच्चों के पूरे समूह के साथ खेलने के लिए लक्ष्य गुण अधिक मजेदार है आप भी कुछ अतिरिक्त काउंटरों में फेंकना चाहते हैं और अपने बच्चे को किसी दिए गए लक्ष्य संख्या के लिए वह सभी कारक ढूँढ़ सकते हैं।

48

प्रेतबाधित हाउस ब्लूप्रिंट

आर्किटेक्चर गणितीय अवधारणाओं जैसे कि संख्या सम्बन्धों, मापने और यहाँ तक कि ज्यामिति के बारे में जानने का एक शानदार तरीका है। इन और कई अन्य, वस्तु, अवधारणाओं को अपने बच्चे को इस छुट्टी थीम्ड कला गतिविधि के साथ प्रस्तुत करें। अपने बच्चे के साथ एक के लिए ब्लूप्रिंट बनाकर एक डरावना प्रेतबाधित घर को देखें।

जिसकी आपको जरूरत है

1. सफेद चित्र या निर्माण कागज
2. नीले रंग की पेंसिल
3. शासक
4. चाँदा
5. दिशासूचक यन्त्र

आप क्या करते हो!

1. अपने प्रेतबाधित घर के लिए एक समय डिजाइन अवधारणा के साथ आने के लिए अपने बच्चे की मदद करें, और घर के विभिन्न घटकों के बारे में बात करें, सामने के दरवाजे कहाँ स्थित होंगे? वहाँ खिड़कियाँ हैं?

2. नीले पेंसिल का उपयोग करके ड्राइंग पेपर पर अपने विचार के एक खाका तैयार करने के लिए अपने बच्चे को शासक, कम्पास, प्रक्षेपक या किसी अन्य मापने के उपकरण का उपयोग करने के लिए कहें। ड्राइंग सामने, किनारे, पीठ या ऊपर से एक इंटीरियर या बाहरी दृश्य हो सकता है सुनिश्चित करें कि वह सटीक रेखाएँ बनाने के लिए एक सीधी किनारे का उपयोग करती है, और परियोजना के लिए एक विशिष्ट पैमाने (जैसे एक फुट बराबर एक इंच) का चयन करें।
3. अतिरिक्त मजा के लिए, अपने बच्चे को उसकी कल्पनाशील स्थापत्य विचार को तीन आयामी सृजन में बदलने में मदद करें। प्रेतबाधित घर नीली प्रिंट, योजना का एक मूर्तिकला मॉडल बनाने के लिए कार्ड बोर्ड बक्से, टेप, गोंद और कागज का उपयोग करें।

Multiply the inner numbers together to get the outer numbers.

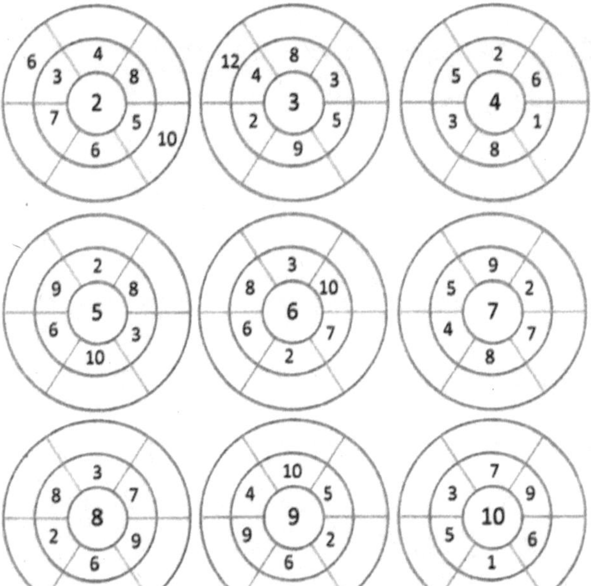

49

तापमान गेम

इस मजेदार कार्ड गेम के साथ थर्मामीटर पर तापमान की दिशा का निर्धारित करते हुए हमारा नकारात्मक और सकारात्मक पूर्णांक के बारे में सीखता है। यदि वह लाल कार्ड खींचता है तो तापमान नीचे आता है एक ब्लैक कार्ड आरेक्षण करना आगे बढ़ता है। खिलाड़ी बोर्ड जो खेल बोर्ड पर उबलते बिन्दु (समुद्र स्तर पर 100 डिग्री सेल्सियस) तक पहुँचता है, वह पहले विजेता है।

जिसकी आपको जरूरत है

1. कार्ड खेलने का डेक
2. श्वेत पत्र की 3 शीट
3. मार्कर
4. फीता
5. जगह निर्माताओं (हम पेनीज और सैम का इस्तेमाल करते हैं)

आप क्या करते हो!

1. पेपर के एक बहुत लम्बा टुकड़ा बनाने के लिए अपने बच्चे को कागज की तीन शीटों को साथ खड़ी करके टेप करके गेम बोर्ड बनाएँ।
2. उसे एक विशाल थर्मामीटर खींचें। यह कागज के सभी तीन

शीट्स के माध्यम से विस्तार होना चाहिए।

3. उसे थर्मामीटर के नीचे '0' के साथ चिह्नित करने के लिए कहें और 100 से ऊपर डिग्री सेल्सियस के संख्यात्मक मूल्य को इंगित करने के लिए '100' से ऊपर 0-100 से प्रत्येक 5 डिग्री के लिए एक पंक्ति बनाएँ।
4. कार्ड घसीटना और उन्हें थर्मामीटर खेल बोर्ड के बगल में सामना करना पड़ता है।
5. प्रत्येक खिलाड़ी को शरीर के तापमान पर अपने मार्कर (पैनी, बीन, आदि) रखना चाहिए—37 डिग्री सेल्सियस।
6. प्रत्येक खिलाड़ी डेक से एक कार्ड चुनने का एक मोड़ लेते हैं। लाल सूट नकारात्मक (नीचे चलती) का प्रतिनिधित्व करते हैं, और काले सूट सकारात्मक (ऊपर चलती) का प्रतिनिधित्व करते हैं। प्रत्येक खिलाड़ी उन कार्डों पर मूल्य के बराबर डिग्री की संख्या को ऊपर या नीचे ले जाता है जिन्हें उन्होंने चुना था। यदि वे चाहते हैं तो खिलाड़ियों के पास अपनी बारी से गुजरने का विकल्प होता है।

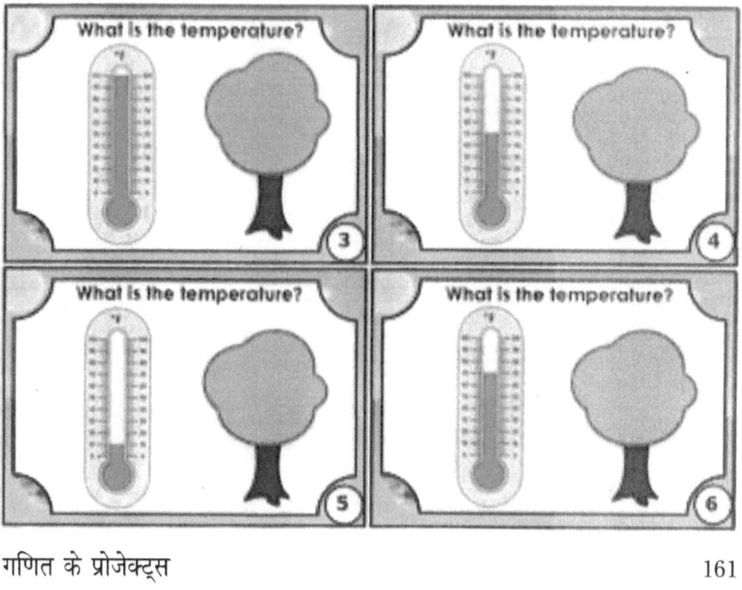

7. यदि कोई खिलाड़ी ठंड बिन्दु (0) तक पहुँचता है, तो वह बाहर निकलता है और यदि कोई खिलाड़ी उसी स्थान पर भूमि लेता है जो पहले से उस स्थान पर कब्जा कर रहा है, तो वे आगे (काला) 10 डिग्री आगे बढ़ते हैं।
8. जो भी उबलते बिन्दु तक पहुँचता है वह पहले जीतता है।

सहायक टिप—इस गेम के सरल संस्करण के लिए छोटे बच्चों के साथ खेलने '0' पर गेम बोर्ड शुरू करें और केवल सकारात्मक संख्या का उपयोग करें।

50

वुल्फ वोल्फा! एक आउटडोर मैच खेल

प्रथम श्रेणी की शुरुआत के बाद, आपका बच्चा 1 से 12 तक आसानी से गिनती करने में सक्षम होना चाहिए, पिछड़े और आगे और यह समझना चाहिए कि उस रेखा पर प्रत्येक संख्या कुछ ठोस को दर्शाती है इसके अलावा, शिक्षक शायद प्रति घंटा के आधारभूत अवधारणा को पेश करेंगे अब, स्वयं संख्याओं के लिए शब्द मुख्य पाठ्यक्रम का भी हिस्सा है, और शिक्षक चाहते हैं कि बच्चों को दृष्टि से उन्हें पहचान और पढ़ा जाए। यहाँ एक रमणीय खेल का मैदान है जो सभी तीन स्तरों को चलने, चिल्लाने और हंस गलतियों के साथ सीखने देता है जो सभी उम्र के बच्चों के लिए बहुत ज्यादा अनूठा है।

जिसकी आपको जरूरत है

1. चलने के लिए ओपन स्पेस
2. ऊर्जावान पहले ग्रेडर
3. 12 × 18 निर्माण कागज के 12 टुकड़े
4. मोटी काली मार्कर

आप क्या करते हो!

1. गेम सेट करने के लिए, अपने 12 टुकड़ों के निर्माण कागज को लें। प्रत्येक टुकड़ा के एक तरफ, बहुत बड़े स्पष्ट ब्लॉक

अक्षरों में एक संख्या (एक, दो, तीन, और इसी तरह) का नाम लिखें। प्रत्येक पेपर के पीछे (क्षैतिज रूप से आयोजित) संख्या को बहुत ही बड़े बहुत स्पष्ट ब्लॉक अक्षरों में लिखें।

2. अपनी संख्या अपने साथ लेना, एक खुले स्थान के एक दौर पर खड़े रहो, और बच्चों को दूर तक खड़े बहुत दूर तक स्प्रिंट हो, लेकिन इतनी दूर नहीं कि वे आपके संकेत नहीं देख पा रहे हैं।
3. इस बिन्दु से आगे, आप 'वुल्फ' है और बच्चे आपके 'निर्दोष' मेड के बच्चे हैं। क्या आप पूछकर उन्हें खेल शुरू करते है 'वुल्फ वुल्फ' यह समय क्या है?
4. एक लिखित संख्या को पकड़ो, और बच्चों को उस संख्या में आगे कदम उठाएँगे। जब वे बन्द कर देते हैं, तो अपना संकेत डालें और अनावश्यक या नींद के लिए बहाना। वे फिर से पूछेंगे 'वुल्फ वुल्फ' यह समय क्या है? और आप एक चिह्न पकड़ते हैं अगर वे बहुत करीब आते हैं, तो संख्या के साथ एक कार्ड दिखाओ इसका मतलब है कि उन्हें कई चरणों का ध्यान रखना चाहिए।
5. 'कई और कदम' के लिए आगे बढ़ते हैं, आगे और पीछे तब तक कि आपकी छोटी भेई लाल नहीं लगती। तब जब वे पूछते हैं कि 'यह समय क्या है'? उन्हें आश्चर्यचकित करना चिल्लाओ, खाने का समय! और उनका पीछा करना बन्द करो। यदि आप पहली बार एक बच्चे को पकड़ते हैं तो वह अगली बार 'वोल्फी' हो सकती है यदि वह पहले आपके घर के आधार पर पहुँचती है, तो वह जीतती है और आप अभी भी वोल्फी हैं।
6. 'क्या चल रहा है—अनुभवी पाठकों और गणितज्ञों के लिए, यह भूलना आसान है कि शब्दों और संख्याओं को समझने के लिए बच्चों को कितने रास्ते का उपयोग करने की आवश्यकता

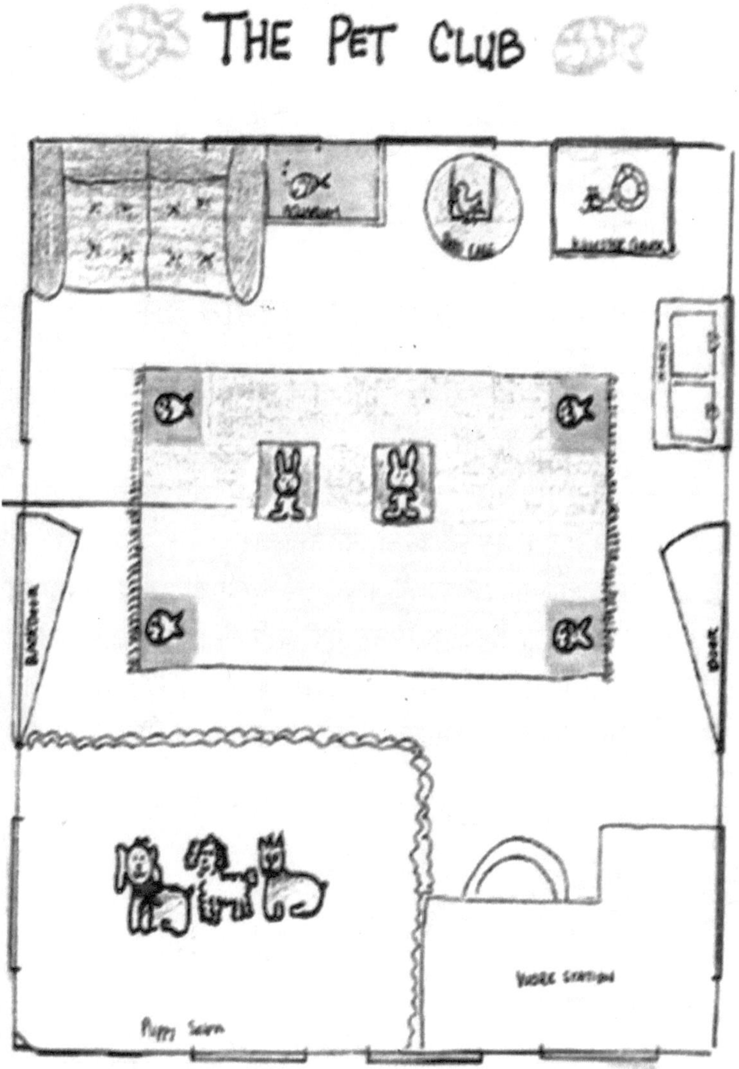

है। क्रियाकलाप जैसे ‘वैल्फी’ ‘बच्चों को’ किनेस्सैटिक सीखने ज्ञान के साथ दृष्टि और ध्वनि दिखाने की अनुमति देती है जो भौतिक अनुभव के माध्यम से आती है। यह शक्तिशाली शिक्षण है और एक ही समय में शक्तिशाली मजा।

51

मिनट गणित : समय का अनुमान कैसे करें

दूसरे ग्रेडर समय देने के लिए बहुत समय बिताए कौशल का खर्च करते हैं। आप घड़ियों के साथ कई कार्यपत्रकों की पहचान कर सकते हैं—लेकिन समय के लिए, महसूस करने के लिए, बच्चों के लिए, भी महत्वपूर्ण है एक मिनट कैसा महसूस करता है? एक घंटा यह मजेदार गेम बच्चों को समय की सबसे बुनियादी इकाई का अनुमान लगाने में मदद करता है—एक मिनट एक घड़ी के बिना इसके बजाय, वे दोहरावने वाली गतिविधियों का उपयोग करेंगे, जो प्रत्येक अन्तिम मिनट के लिए वास्तव में समझते हैं जो 60 सेंकड में फिट होता है।

जिसकी आपको जरूरत है

1. दो खिलाड़ी
2. दूसरे हाथ से घड़ी या घड़ी

आप क्या करते हो!

1. इस गतिविधि को अपने बच्चे को बताएँ कि आप समय के साथ खेल खेलेंगे। समीक्षा करें कि एक मिनट में कितने सैकंड्स हैं अपने बच्चे को बताएँ कि आप उसे देखने के लिए समय दे सकते हैं कि वह एक मिनट में कितनी गतिविधियाँ कर सकता है, कूद जैक सहित एक पैर पर पोंछते हुए दस

की गिनती करके, और उसके हाथों को ताला लगाकर।

2. एक घड़ी या घड़ी का उपयोग करना, अपने बच्चे को एक मिनट के लिए समय बताएँ क्योंकि वह कितने कूद जेंक को देख सकता है। उसे बताना सुनिश्चित करें कि कब शुरू और गिनती रोकना।

3. निम्न क्रियाकलापों में से प्रत्येक के साथ चरण 2 को दोहराएँ! अपना बच्चा एक पैर पर हॉप, 10 तक गिना और अपने हाथ को ताली जैसा कि आपका बच्चा इस क्रियाकलापों के साथ बची हुई समय की अधिक मात्रा में इस्तेमाल होता है, उसे अनुमान लगाया जाता है कि जब एक समय आपके पास आता है तो एक मिनट बीत गया है।
4. विविधता भूमिकाएँ स्विच करें, और अपने बच्चे को टाइमर बनाते समय गिनती करें कि आप कितनी उपर्युक्त गतिविधियाँ को एक मिनट में कर सकते हैं। आपका बच्चा इस समय सीखने को आपके साथ प्यार करेगा।

●●●

www.ingramcontent.com/pod-product-compliance
Lightning Source LLC
LaVergne TN
LVHW100301051026
849517LV00006B/2169